权威·前沿·原创

皮书系列为
"十二五""十三五"国家重点图书出版规划项目

SUV蓝皮书
BLUE BOOK OF
SUV

中国 SUV 市场发展报告
（2015~2016）

ANNUAL REPORT ON THE DEVELOPMENT OF CHINA'S SUV MARKET
(2015-2016)

主　编／靳　军
副主编／杨　洪　苗　宇

社会科学文献出版社
SOCIAL SCIENCES ACADEMIC PRESS (CHINA)

图书在版编目（CIP）数据

中国 SUV 市场发展报告 . 2015～2016 / 靳军主编 . ——
北京：社会科学文献出版社，2016.9
（SUV 蓝皮书）
ISBN 978 - 7 - 5097 - 9673 - 3

Ⅰ. ①中…　Ⅱ. ①靳…　Ⅲ. ①越野汽车 - 汽车工业 -
经济发展 - 研究报告 - 中国 - 2015～2016　Ⅳ.
①F426. 471

中国版本图书馆 CIP 数据核字（2016）第 212874 号

SUV 蓝皮书
中国 SUV 市场发展报告（2015～2016）

主　　编／靳　军
副主编／杨　洪　苗　宇

出 版 人／谢寿光
项目统筹／恽　薇　高　雁
责任编辑／王楠楠　崔红霞

出　　版／社会科学文献出版社·经济与管理出版分社（010）59367226
　　　　　　地址：北京市北三环中路甲29号院华龙大厦　邮编：100029
　　　　　　网址：www. ssap. com. cn
发　　行／市场营销中心（010）59367081　59367018
印　　装／北京季蜂印刷有限公司

规　　格／开　本：787mm×1092mm　1/16
　　　　　　印　张：18　字　数：238 千字
版　　次／2016 年 9 月第 1 版　2016 年 9 月第 1 次印刷
书　　号／ISBN 978 - 7 - 5097 - 9673 - 3
定　　价／79. 00 元

皮书序列号／B - 2016 - 535

深圳市航盛电子股份有限公司对本书创作给予大力支持，特此鸣谢！

"SUV 蓝皮书" 编委会

主要编撰者简介

靳 军 汽车评价总裁兼首席执行官、资深汽车评价专家、专家型媒体人。汽车主观评价体系（CBI 体系）的构建者，汽车评价 carbingo. cn 创始人。毕业于北京工业大学汽车专业，曾在北汽集团从事汽车技术和销售工作达 7 年。国内首屈一指的专业期刊《汽车族》杂志的创刊元老，是国内仅有的专业汽车期刊连续任职时间最长、资历最深、专业能力最强、影响力一流的总编辑。

杨 洪 深圳市航盛电子股份有限公司（以下简称航盛公司）创始人之一，公司总裁、董事。研究员级高级工程师，享受国务院特殊津贴专家，深圳市第四届、第五届人大代表，深圳市党代表，中国人民大学公共管理学院客座教授。曾被授予"中央企业劳动模范"荣誉称号，先后获评第三届中国改革十大最具影响力新锐人物、深圳经济特区 30 年行业领军人物、中国汽车电子领军人物、中国推动汽车信息化领军人物奖、新中国航空工业创建 60 周年"航空报国突出贡献奖"等殊荣。因在创新领域的突出贡献，2009 年荣获深圳市科技创新奖（市长奖），2013 被评为"创新中国十大年度人物"，同年获颁"深圳市质量强市金质奖章"。

杨洪先生所率领的航盛公司是国内汽车电子行业的领军企业，是中国汽车电子市场十强中唯一的民族企业。航盛公司成立 20 年以来，专注于车载信息娱乐系统、车身集成控制系统、新能源汽车电子控制系统等领域，主导或参与了多项汽车电子产品行业标准的制定和国家汽车电子产业发展战略规划的编制，为中国汽车工业的发展贡献了重要力量。

苗 宇 汽车评价执行副总裁、汽车行业专家、媒介运营专家，汽车评价 carbingo. cn 联合创始人。法国南特大学 MBA 毕业，2001 年开始在法从事互联网营销工作，对互联网商业模式研究颇深。回国后，在《中国汽车报》从事汽车资本市场研究，对行业业态发展了解颇深。后任职《汽车族》杂志，精于媒介运营管理，是业界知名的杂志出版人。具有超前的移动互联网思维，是汽车评价商业模式的设计师。

摘　要

《中国 SUV 市场发展报告（2015～2016）》力求通过翔实的数据、科学深入的分析，将中国 SUV 市场发展的全貌展现给读者，以求对行业发展起到积极的促进作用。

开篇总报告概述了 SUV 产品的发展过程，以关键产品为节点，为读者理清中国 SUV 市场发展的脉络，阐述了在国际汽车发展的大趋势下中国 SUV 市场的形成和发展。未来 SUV 产业随着投放产品的大量增加，将进入竞争更加激烈的市场环境，市场对产品的要求更高，只有更节能、更符合城市化趋势、更满足本土化需求的产品才能立于不败之地。

分报告部分对中国 SUV 产品的产业结构、总体环境与挑战以及主要合资品牌 SUV 产品在中国市场上的表现，进行了系统的梳理和剖析。中国 SUV 行业的产业结构调整是在产业环境、政策环境和市场环境调整的基础上实现的，形成了行业发展的新格局。然而竞争格局日益激烈，未来发展趋势的不确定性增加，因此要求中国汽车企业要勇于面对挑战，通过自身积极主动地调整，在市场机遇中做大、做强。通过对德系、日系、美系、韩系、法系这些主流合资汽车企业的市场表现进行分析，期望中国汽车企业能够借鉴经验，取长补短，高速发展。

市场篇用大量的数据与图表，分析了小型 SUV、紧凑型 SUV、中型 SUV、中大型 SUV 以及新能源 SUV 在中国市场上的发展现状和前景。其中，SUV 市场调查报告通过大量细致扎实的实际调研工作和数据汇总，对中国 SUV 市场的消费习惯、产品需求、未来预测进

行了总体分析，对企业以及行业的发展都有一定的参考价值。

　　案例篇选取了三家在 SUV 行业中有强大影响力的优秀自主汽车企业，还有一家在零部件配套方面有突出贡献的自主企业进行介绍和分析，无论是长城汽车、长安汽车、江淮汽车，还是汽车电子零部件企业航盛，都是中国 SUV 产业发展过程中不可或缺的重要组成部分。它们都通过自身的努力，在满足消费者的实际需求和自我发展的同时，为中国汽车工业的强大，奠定了坚实的基础。

Abstract

Annual Report on the Development of China's SUV Market (2015 – 2016) analyze through detailed data, show to readers the scientific and in-depth analysis of the whole picture of China's SUV industry. We hope this report can play a positive role in promoting the development of the industry.

General Report states through the development process of SUV products , takes the key products as node, clarifies the context China's SUV industry for the readers. It describes the China's SUV market formation and development status under the trend of international automobile development. Future SUV industry, with a significant increase in product delivery, will face to the more competitive market environment, the requirements of market for products is higher, only the products which are more energy efficient, and more in line with the urbanization trend can remain invincible.

Sub-reports on China's SUV products, industrial structure, the overall environmental challenges and the performance of main products of the joint venture brand SUV in the Chinese market. Industrial structure adjustment of China's SUV industry is achieved on the industrial environment, policy environment and market environment adjustment, shaping a new pattern of the development of the industry. But the increasingly fierce competition, increasing the uncertainty of future trends, thus requiring Chinese auto companies must have the courage to face challenges, proactive adjustment by itself, seize the bigger opportunities in the market, and to be stronger. Through the analysis of the mainstream of German, Japanese, American,

Korean, French joint car companies' market performance, we expect China's auto enterprises can digest and absorb the advantages, and realize rapid development.

Market Reports use large amounts of data and charts to analyze the situation and prospects of the small SUV, the compact SUV, the mid-sized SUV, the large SUV and the new energy SUV in the Chinese market. Wherein, SUV market research reports, through a lot of detailed research and data collection work, analyze the China's SUV market consumption habits, product demands, future expectation, having a certain reference value for the development of enterprises and the whole industry.

Case Studies of three companies selected the independent car companies which have outstanding influence in the SUV industry. There is also an independent component companies with an outstanding contributions. Whether it is the Great Wall Motor, Chang'An Automobile, JAC, or automotive electronics parts enterprise- Hang Sheng, are indispensable component in China's SUV industrial development process. They have through their own efforts, to meet the actual needs of consumers and self-development, put the most solid foundation for Chinese auto industry.

目　录

Ⅰ　总报告

Ⅱ　分报告

Ⅲ　市场篇

Ⅳ 案例篇

Ⅴ 附录

皮书数据库阅读**使用指南**

CONTENTS

I   General Report

II   Sub–reports

III   Market Reports

IV   Case Studies

V   Appendix

总 报 告

General Report

B.1

中国SUV市场的形成、
发展与未来预期

摘　要：　本报告阐述了中国SUV市场的形成和发展，并对SUV
　　　　　市场未来的总体发展方向做出了展望。报告用详尽的
　　　　　示例说明了SUV市场兴起过程中的产品状况，以及它
　　　　　们对本地市场的影响。本报告准确把握了SUV发展的
　　　　　关键节点，阐述了国产SUV产品由弱到强的发展脉络；
　　　　　对未来市场的判断全面、清晰，有较强的指导意义；
　　　　　对各个时期出现的SUV产品有较为详尽的点评，数据
　　　　　翔实、描述清楚。可以说，通过阅读本报告，可以全
　　　　　面了解中国SUV市场的发展历程和发展方向。

关键词：　SUV　SUV市场　SUV未来

一　中国 SUV 市场的形成

运动型多功能车（SUV）究竟是什么类型的车辆？对于此问题，仁者见仁，智者见智。半个世纪前，它的初级产品再简单不过，就是由四轮驱动皮卡的平台加上封闭的车厢组装而成的。而现如今，它已经发展成汽车市场上重要的车型之一。

SUV 市场的成长是市场需求的结果。以最具代表性的美国市场为例，20 世纪 90 年代以前，只有约 10% 的消费者选择 SUV 作为购买对象；到 2003 年中期，这个数字上升到了 24.5%。很多新车型一经问世便被冠以"SUV"的称号，因为人们不知道该如何称呼它们。SUV 通常是指行动敏捷的车型，往往拥有短于皮卡车的车身、旅行车样的形式以及强健的动力传动系统，可以通过所有的路面到达想要去的地方。与过去制造较为粗糙、安全性欠佳的 SUV 相比，现在的情况大大改变了。

中国现在的 SUV 市场与 21 世纪初美国 SUV 市场的情形有相似之处。而 21 世纪初中国轿车市场刚开始加速发展。当时，随着一汽 - 大众奥迪 A6、上海大众帕萨特的本地化生产，一些基本达到国际水准的车型陆续进入家庭车市场，"传统老三样"——捷达、富康、桑塔纳与上海通用赛欧、夏利 2000 等所谓 10 万元家庭车成为市场焦点。这时，SUV 车型在中国汽车市场所占份额很小，普通家庭的汽车梦想还只是一部传统四门三厢的轿车。

对于很多人来说，SUV 能使他们的生活更加丰富多彩，所以 SUV 市场在 2002 年前后开始快速成长。2002 年，中国 SUV 总产量 8.42 万辆，总销量 9.86 万辆；2003 年，中国 SUV 总产量 13.6 万辆，总销量 13.4 万辆。这时，中国 SUV 市场开始真正形成规模，消费者对新产品的需求也更加迫切，很多汽车厂商都不失时机地推出了

SUV 新车型。

再看看当时国内 SUV 市场格局，2003 年，只有 3.97 万辆进口 SUV，而本地制造产品成为主流。当年市场上的国产 SUV 新车型有 20 款左右，非常有代表性的有北京吉普 Jeep2500、帕杰罗速跑、郑州日产帕拉丁、金杯通用开拓者、丰田普拉多、陆地巡洋舰、长丰猎豹飞腾、华泰特拉卡等。

北京吉普的 Jeep2500 是切诺基的换代车型，对外观和内室进行了大幅度改进，售价从不到 12 万元到 13 多万元不等，是 2003 年 SUV 市场的新生力量。

帕杰罗速跑是北京吉普受让三菱技术的结晶，主打中级 SUV 市场。

郑州日产帕拉丁源自日产在美国市场上的埃斯特拉，并进行过适度的改进。该车曾在美国获得过不少奖项。

金杯通用开拓者当年投放了 3.0 升版本车型，以图打开曾经低迷的市场。

丰田普拉多以及陆地巡洋舰是丰田全面进军中国市场的开路先锋，这两款车型的进口车卖得较火，本地化制造后，在降低价格的同时，有望占据更多的市场份额。

长丰猎豹飞腾的原型是日本三菱的帕杰罗 io 车型。该车尺寸紧凑，市场定位比较特殊，有现代城市 SUV 的风采。

华泰引进现代技术制造的特拉卡车型秉承了韩国车的一贯传统，经济实惠并且装备齐全，是 SUV 市场的一匹"黑马"。

总体来说，这 8 款车型各有所长，基本技术大多源于国外著名厂商的成熟车型，代表了当时国内 SUV 领域的最高水平。

SUV 市场潜力开始显现，很多厂家看好这块阵地，因此打出了各式各样的"招牌"。越野车、运动休闲车甚至皮卡车的改进版均以 SUV 的形式呈现，希望城市中先"富"起来的人们能够从中找到别

样的乐趣。它们有面向低端市场的经济型轿车，也有面向年轻城市白领一族的"逍遥派"轿车。

在国内生产 SUV 的企业中，合资企业的阵容不算强大，北京吉普汽车有限公司是国内最早的合资企业，切诺基和 2020 系列一直是其当家产品。随着国内汽车市场的变化和竞争的日趋激烈，北京吉普明显加快了前进的步伐，2003 年投放市场的帕杰罗速跑无疑是其最具杀伤力的 SUV 产品。从技术等级看，速跑汲取了三菱越野车方面的精髓，在综合性能方面处于同级别车的先进行列，对市场具有一定的冲击力。金杯通用是通用在国内生产 SUV 的合资企业，雪佛兰开拓者车型在国内也曾引起不小的反响。为此，通用加大了投入力度，意图全力打造金杯通用品牌，"全能先锋"和"豪放"就是其投向市场的重磅炸弹。"全能先锋"即雪佛兰北美的山地开拓者，其等级明显高于开拓者，是雪佛兰 SUV 阵营的主力品种；"豪放"即 Tahoe，同样以大马力、大扭矩、高配置取胜。显然，国内高档 SUV 市场的丰厚利润吸引了通用等厂商，这些厂商丰富的 SUV 制造经验也使其旗下产品有了用武之地。除了通用，当年 SUV 市场的主角仍是日本产品。郑州日产帕拉丁的宣传口号是"真正的 SUV"。所谓"真正"，即越野性和舒适性得以完美结合。尽管取自美国埃斯特拉的底盘还是偏向越野行驶，但在现代都市的使用中，帕拉丁仍然具有足够的日产车系的细腻感受，该车曾被厂方寄予厚望。

在国内进口车市场中，丰田的陆地巡洋舰应当是最为畅销的产品，尽管其价格与价值并不相符，但"别无选择"就是对它最好的宣传。同时，奔驰、宝马、沃尔沃的 SUV 也受到了市场追捧。丰田与一汽的签约为陆地巡洋舰和普拉多进入中国市场铺平了道路，同时，达路特锐也很快在天津生产。

当时，SUV 在国际市场上已经发展得较为成熟，我们也可以看一下 2003 年美国 SUV 市场上最有代表性的车型以及它们代表的流行趋势。实际上，这也预示着中国 SUV 市场的发展走向，具有一定的借鉴意义。

当年美国市场上全新上市的 SUV 有十几款，包括宝马 X3、别克 Rainier、凯迪拉克 SRX、克莱斯勒 Pacifica、道奇 Durango、GMC Envoy XUV、英菲尼迪 FX35/45、雷克萨斯 RX 330、三菱 Endeavor、日产楼兰、日产 Pathfinder Armada、保时捷卡宴、大众途锐等。其中只有 4 款车型是以皮卡底盘为基础的，SUV 的城市化趋势已经十分明显，即相对弱化了车辆的越野能力，提高了其舒适性和豪华程度。别克 Rainier、GMC Envoy XUV 与 GMC Envoy 共用一个平台，其余的 SUV 都拥有旅行车般的布置形式和载物能力，也许"混型车"的称号对于它们来说更贴切一些，其中至少有两款车型看上去更像是高顶的运动旅行轿车。

一款现代 SUV 的越野能力究竟是否重要？对第三排座椅究竟如何评价？SUV 究竟应该强调"运动"还是"多功能"？"运动"的含义是在城市公路上舒适地操控还是在野外乡村通行无阻？这些都是摆在制造商面前的课题，即使在今天，也是中国 SUV 消费者非常关注的问题。随着一批新的企业、新的车型进入中国 SUV 市场，以及家庭轿车的逐渐普及，SUV 这一风靡世界的车种开始在中国成长并发展起来，虽然几经波折，但目前已呈现出前所未有的好势头。

二　中国 SUV 市场的发展和现状

在经过了 2003 年爆发式的增长后，中国市场上的 SUV 在其后几年的增长趋势也非常显著。2004 年生产和销售分别达到 16.91 万辆和 16.28 万辆；2005 年生产和销售分别达到 19.53 万辆和 19.64 万辆。2004 年 SUV 新车数量有所减少，只有 4 款新车：北京吉普欧蓝德、一汽丰田达路特锐、东风本田 CR－V、华泰现代特拉卡 2.5TCI。

除了特拉卡，其他 3 种车型都是典型的城市 SUV。新车型的价值重心也在发生变化。紧凑的车身、灵活的空间布局、经济实惠的价格定位预示着 SUV 市场的价值观发生了变化。其中，东风本田 CR－V 最有代表性。这款车于 2004 年 5 月上市，当时的市场售价为 23.98 万元。作为进口车，CR－V 在国内拥有广泛的消费者基础。国产化之后，CR－V 在保持了优秀品质的同时，价格也更加贴近消费者的需求。CR－V 造型优美、空间宽敞、便利性和实用性并重，动力性和经济性在相应的细分市场中表现出众。CR－V 的出现，树立了当时城市化 SUV 的新基准。

到 2007 年，中国 SUV 市场销量已经达到了 37.5 万辆。长城以64732 辆名列第一，占整个 SUV 市场份额的 17.3%。其后是奇瑞汽车 50098 辆，占市场份额的 13.4%；东风本田 45686 辆，占市场份额的 12.2%；现代 44729 辆，占市场份额的 11.9%；长丰猎豹 24428辆，占市场份额的 6.5%。当年比较重要的全新车型有 4 款，包括东风悦达起亚狮跑、江淮瑞鹰、长城哈弗 CUV 柴油版以及东风本田新CR－V。城市化和经济环保是它们的共同特征。无论是狮跑还是瑞鹰都有韩系 SUV 车型的典型特点：做工精致、驾乘舒适、价格适中、造型和设计也很具有亲和力。狮跑和瑞鹰在城市路况和部分非铺装路面的表现都很出色，同时，其燃油消耗水平控制得较为合理。哈弗CUV 柴油版体现了经济性方面的优势，在设计制造上是自主品牌的出色代表。2007 年，新 CR－V 应运而生，在原先实用性和经济性强特点的基础上，融入大量轿车化元素，大面积拓展了自己的客户群，展示出旺盛的生命力，为 SUV 市场的发展做出了贡献。

2010～2011 年，中国 SUV 市场的发展已经进入从量变到质变的过程。2010 年，中国 SUV 销量达 132.6 万辆，占乘用车市场的份额达到 9.6%，同比增速 101.27%。其中，城市 SUV 阵营的急速扩张尤为值得关注。2010 年，各排量城市 SUV 领军品牌的销量达 54 万辆，占 SUV 整体销量的 41%。特别是在大中型 SUV 市场，汉兰达独占鳌头，以超过 8 万辆的年销量占据 50% 以上的市场份额。难能可贵的是，5 年以后，这款车仍然是市场上畅销的 SUV 产品之一，值得研究。2011 年 SUV 品牌销量排行榜中，哈弗稳居榜首，本田 CR - V 保持稳定增长，途观、逍客和 ix35 排进了前五名，这些车型在随后的几年中也是持续畅销的车型，充分反映了市场的关注点以及 SUV 的消费重心。

长城汽车在 2011 年推出了哈弗 H6，这款车型可以说奠定了长城在自主品牌城市 SUV 中的领军者地位。此时，长城汽车无论是在 SUV 还是轿车产品上，都已经开始有风格统一的设计方式。对于一个已经有近 10 年 SUV 制造经验的车企来说，要设计一款让多数人满意的车型并非难事。哈弗 H6 在底盘纵梁、横梁以及连接板等多处关键部位采用了高强钢板，同时在车门的左右外板、尾门、发动机舱罩等部位采用了加磷高强度钢和烘烤硬化钢板。这些材料的应用让哈弗 H6 的车身冲压件可以更薄，在降低车辆自重的同时硬度不减，并进一步提高了汽车外板的抗凹性。长城 SUV 从 2005 年的哈弗 CUV、2007 年的哈弗 CUV 柴油版到 2009 年和 2010 年的 M1、H5，其进步有目共睹。在自主品牌厂商中，长城汽车的 SUV 制造水平已经远远走在前面。面对来自合资品牌的竞争，哈弗 H6 不落下风。市场方面，长城汽车的销售渠道已经不限于国内，更是伸向了海外；销量方面，长城 SUV 不仅在国内连续八年销量第一，而且出口销量也是第一。长城汽车取得的成绩是当时中国 SUV 自主品牌发展的一个缩影。

与此同时，国际市场 SUV 热潮也达到了新高度，很多车型在进口 SUV 市场中逐渐成为热销车型。SUV 的准确定义或者说评判标准悄然发生变化。保时捷卡宴代表了当时 SUV 技术的最高水准，其不但有着运动型轿车般的公路性能，而且越野能力也和那些专注于此的硬派越野车相差无几。其跨界的设计风格、精致的内饰做工、先进的

技术以及适当的价格定位使它在市场上受到热捧。2011 年，美国市场上推出的新车型就包括宝马 X3、道奇 Durango、道奇 Journey、福特 Explorer、Jeep 牧马人、路虎揽胜极光、梅赛德斯 - 奔驰 M 级、MINI COOPER COUNTRYMAN、萨博 9 - 4X、大众途锐等。

经过十余年的发展，到 2015 年，SUV 市场依旧保持高速增长态势。2015 年，全年销量 622.03 万辆，市场份额突破 30%。中国汽车工业协会的统计数据显示，2015 年 SUV 产销量分别增长了 49.7% 和 52.4%，而与高速增长的 SUV 市场相对应的是轿车产销量分别下降了 6.8% 和 5.3%。

2014 ~ 2015 年，市场上推出的国产 SUV 新车型数量众多，包括东风标致 2008、斯柯达野帝、长安标致雪铁龙 DS6、长安 CS75、纳智捷优 6、雪佛兰创酷、瑞风 S3、宝骏 730、别克昂科威、北汽绅宝 X65、梅赛德斯 - 奔驰 GLA 级、东风本田 XR - V、东风本田 CR - V、比亚迪唐、广汽本田缤智、东南汽车 DX7、广汽丰田汉兰达、长安福特锐界、江铃福特撼路者、东风雪铁龙 C3 - XR、上汽通用五菱宝骏 560、哈弗 H9、哈弗 H6 Coupe、江淮瑞风 S2、东风日产逍客、上汽名爵锐腾、东风英菲尼迪 QX50、北京现代全新途胜等。在国产 SUV 销量排行榜上，自主品牌已经能够与合资品牌分庭抗礼。排在前列的一些车型有哈弗 H6、宝骏 560、传祺 GS4、途观、CS75、昂科威、瑞风 S3、CS35、奇骏、哈弗 H2 等。这些车型大致可以反映出国内主流 SUV 市场的价值取向以及技术趋势，这对于未来市场研判是非常重要的参考依据，具有较高的分析价值。

上汽通用五菱的轿车产品品质在同级中就很不错，宝骏 560 更是一匹"黑马"。宝骏 560 在宝骏品牌轿车基础上又向前迈进了一步，这不只表现在价格上，其在品质上也能做到物有所值。尽管它的外形设计还难说有多么鲜明的特色，但是跟市场上的同价位对手一比，还是有一定优势的。对于一款不到 10 万元的车来说，其细节处理已经值得肯定：内室的处理偏重实用，使用上与更高级别的车型相比也不逊色。它的轴距有 2750 毫米，空间感也超出想象。其后排座椅可以翻折，无论是头部还是腿部空间都能满足一般家庭的使用需求。这是它赢得市场的基础。底盘采用的前麦弗逊、后扭力梁结构是流行设计，调校水平也很高，没有那种"假冒伪劣"般的驾驶质感。不得不说，这是它有技术含量的地方。有因就有果，好的产品性能是品牌成功的重要基础，这也是近年来几家中国汽车企业崛起的关键因素。

传祺 GS4 的车身尺寸为 4510 毫米 × 1852 毫米 × 1708 毫米，轴距为 2650 毫米，虽然可以满足正常的驾乘使用需求，但纸面尺寸不算大。该车型的内部空间合理，后排座椅可以翻折，行李厢空间偏小。传祺 GS4 的主要配置包括前排双气囊、前排侧气囊、前后排侧气帘、胎压监测、无钥匙进入/启动、ESP、驾驶模式选择、上坡辅助、陡坡缓降、电调座椅、座椅加热、导航＋倒车影像、蓝牙电话、后排隐私玻璃、手动空调、自动启停等。在运动能力上，传祺 GS4 表现一般，这是由其偏舒适和日常使用的定位决定的。

途观是近几年中国 SUV 市场上最具代表性的合资车型之一。与改款前的外形相比，现在的途观显得更为硬朗。其整体体现的是大众最新的家族风貌，近似多边形的犀利前大灯取代了以往弧度较大的造型，矩形前雾灯也让前脸变得坚毅。内饰有时尚动感的造型，各种材质的触感不错，功能键的操作也比较人性化。大多数人会觉得途观有精致的做工，整车的品质感好，是同级别的标杆产品。在整车效果上，其加速、制动、巡航、转向都被人们认可，各项辅助设施也算得上好用、易用，基本挑不出毛病。途观有好用的 AUTOHOLD 自动驻车功能、智能疲劳检测功能、智能远光灯会车跟车调节系统、升级版的自动泊车系统等；还有带冷藏功能的储物箱、独立控制的前排座椅加热和全景天窗；另外，大灯随动和疲劳识别可自由选择开启和关闭。现款途观的后排空间可以给人以小小的惊喜，后排座椅前后调节

范围增加到 160 毫米，这样，后排乘客的腿部空间可以得到一定的延展。行李厢容积为 400 升，放倒后排座椅后可增加到 1530 升。途观有动感细腻的驾驶感受，同时也能感受到其悬架调校偏向舒适，因为即使面对极端的"搓板路"，途观的底盘悬架系统也能过滤掉大部分振动，保证驾乘舒适性。在面对弯道和紧急变线时，途观能表现得轻松自如，车身会侧倾，但坚韧的悬架会让驾驶员有足够的信心。

长安 CS75 有今天的市场表现与多年来长安汽车的不懈努力密不可分，这在设计研发的大量投入上充分反映了出来。它的造型风格硬朗中不失精致，狭长的前进气格栅辅以带有长安 LOGO 的镀铬装饰条与头灯融为一体。侧面的视觉效果也非常协调，线条丰富，层次分明，在自主品牌车型中别具一格。CS75 的内饰风格也很有格调，三幅多功能方向盘、多功能显示屏、竖直的空调出风口等辅以大量镀铬装饰，这种设计方式符合大多数消费者的审美观。在制造方面，CS75 带来了与众不同的感受。作为 10 万元出头的城市 SUV，其在做工用材方面超出了预期，装配水平较高，细节处理也不错。除了某些局部稍显粗糙，整体上体现出了企业的造车功力。CS75 的舒适性配置非常丰富，主要有一键启动、泊车系统、定速巡航、自动空调、3.5 英寸高清彩色多功能行车电脑显示、七寸高清彩色触摸屏、语音导航等，在细分市场中属于领先水平。CS75 是长安第二款 SUV，4650 毫米车长、1850 毫米车宽、1695 毫米车高的车身尺寸显得相当挺拔，2700 毫米的轴距造就了宽敞的头部和后排腿部空间，CS75 在空间上完全可以满足日常需求。

昂科威也是非常有代表性的 SUV 产品，其设计源于别克 Envision 概念车，出自别克最先进的 D2UX 平台。柔和且细腻的车身线条一改往日美系 SUV 臃肿粗犷的外形，让人眼前一亮。360 度一体式环抱座舱设计以及略向驾驶者倾斜的中控台和非对称式中控设计，诠释了昂科威以驾驶者为中心的设计理念。昂科威极大地改变了人们印象中美系车粗枝大叶的工艺水准。相比通用系列的其他车型，昂科威用大量皮革材料代替了原有的塑料件，并采用明线缝制，再加上大理石纹理的木饰板及银色装饰条，材料质感优异，做工精细，很好地提升了内饰的豪华感。昂科威在配置水平上再一次走到同级前列，全景天窗、无钥匙进入、一键启动、HBA 智能远光、方向盘加热、带有 ANC 主动降噪功能的 Bose 音响、包含各种接口的新一代车载互联系统、座椅加热/通风、自动泊车、ACC 自适应巡航等，可以说是"武装到了牙齿"。昂科威大于同级的车身尺寸与 2750 毫米的轴距带来了近乎奢侈的内部空间；第二排座椅可以滑动，且角度可向后调节两挡共 4 度，座椅的四六分割设计使行李厢空间更加灵活多变；行李厢容积为 422 升，可满足日常出行需求，当后排座椅完全平放时，行李厢容积可达到 1550 升，可满足一些大型物品的摆放需求。昂科威的整体定位略高于主流紧凑型 SUV，又稍低于汉兰达等中型 SUV。差异化发展使它具有更宽泛的受众面。由于车型较新，昂科威具有更好的时尚感及设计感。豪华的氛围、精致的内饰、宽敞的空间、优异的动力表现、超越同级的丰富配置都使昂科威具有较强的竞争优势。

2015～2016 年，中国 SUV 市场仍将保持持续增长的态势，这还是在汽车市场整体萎缩的环境下。消费者对于 SUV 的需求旺盛一方面因为很多家庭已经迈过了购买第一部车的阶段；另一方面因为 SUV 车型的发展将车辆的功能提升到了新的阶段，更加适合中国家庭消费者的使用习惯。这种趋势还将持续下去，我们也能够从目前市场上深受欢迎的产品中看到未来 SUV 市场的走向，以及人们消费习惯的变化。

三　中国 SUV 市场的未来预期

早期，最能够体现 SUV 价值之处的是强大的载物能力、良好的

道路行驶能力以及完善的多功能性。今天，在共享平台、先进的动力传动系统以及底盘技术的支持下，SUV 的道路表现已经达到了轿车的平均水平。

为了进一步节省成本，通过轿车平台开发 SUV 成为制造商热衷的事情。平台共享战略常常使 SUV 具有旅行轿车的造型和皮卡车的框架。今天，制造商开始采用轿车平台开发 SUV，通常情况下，这意味着底盘部分、动力单元、悬架、座椅以及电控装备的共享以及在同样的工厂生产。制造商可以根据需求很快地调整产品策略，使产品转型更快、成本更低。

发展至今，广义上的 SUV 还有许多不同的细分种类，有 SUV 车型、跨界车型，甚至还有 SAV（多功能跨界运动车，由 BMW 提出）；有非承载式车身的、承载式车身的；有横置发动机的、纵置发动机的；有前驱的、后驱的、适时四驱的、全时四驱的；有汽油机、柴油机动力，还有混合动力；有非独立悬架的、独立悬架的；有弹簧减振、钢板减振以及空气减振；有经济型车型、豪华车型；有紧凑级、中级以及全尺寸车型；等等。可以说，各种车型应有尽有。那么，在可以预见的未来，中国 SUV 市场又将有怎样的前景呢？

（一）产品更加丰富，竞争力差的产品被迅速淘汰

早期，中国 SUV 市场的车型数量和质量都不稳定，从 2003 年开始有了爆发式的提升。但那时的车型很多还是比较注重性能的，对于城市化的豪华和舒适性重视不够，不太适合家庭使用。新车数量在达到顶点后，在 2004～2006 年处于回落阶段。可以看到，2003 年新上市的 SUV 车型中，除了丰田普拉多和陆地巡洋舰，其他车型或者消失，或者没什么销量，这是时代进步的结果。

由于 SUV 市场火爆，很多厂家都把目光瞄准了这里。合资企业不断下探，制造了更多的小型 SUV 产品，很大程度上挤压了自主品

牌的市场份额，像现在市场上的本田缤智、XR – V、现代 ix25、雪佛兰创酷、东风雪铁龙 C3 – XR 等。可以预见，未来各汽车企业势必开发更多的细分市场，通过诸如差异化竞争的方式推出更多的新车型，消费者的选择余地也将更多。同时，不符合发展趋势的产品将被更新换代，或者很快退出市场。市场容量是有限的，激烈竞争带来的价格下探压缩着产品的利润空间，如果没有一定的销量支撑，那么相应的 SUV 产品将难以找到立足之地。

（二）SUV 城市化的趋势更加明显

以昂科威、奔驰 GLC、汉兰达、途观等车型为代表的城市 SUV 具有鲜明的特色。流线造型既有视觉上的美感，也有空气动力学设计特色；在内外装饰上，有鲜明的家族化风格，选材和做工更加讲究；配置上，强调安全性配置的丰富性，特别是驾驶辅助系统的完善。这些都是城市化 SUV 的典型特征。

以奔驰 GLC 为例，作为高端品牌的代表作，其在很多方面具有未来中国市场主流 SUV 的特点。它在外观上融入了更多现代和运动元素，将分明的棱角加以润色修饰，并通过立体感的线条营造出车身独特的光影效果。GLC 有舒展的车身比例、修长的发动机罩、优美的车顶轮廓线、低矮的车身以及短促的前悬。整体上，奔驰 GLC 把 SUV 的力量与奔驰的优雅结合得比较完美。GLC 车内整体的设计并不复杂，但通过各精致部件以及不同材质的搭配，营造出相对不错的车内氛围。

GLC 由号称奔驰"最大"的北京奔驰亦庄工厂生产，生产管理严格按照德国标准进行。新工厂的工装设备有后发优势，同时在员工培训方面也有很好的措施。目前，奔驰 GLC 的国产化水平达到了 60%，对供应商有严格的考核和监督机制。大品牌的本地化制造更加深入，是未来中国 SUV 市场主力产品的品质保证，对消费者的迎合也会更加到位。

SUV 的空间设计是至关重要的一环，也是中国消费者非常关注的一面。奔驰 GLC 增加了 118 毫米轴距，使后排座椅空间更为宽敞。在外观尺寸上，GLC 相对于上代车型在长度和宽度方面有所增加，分别有 100 毫米和 50 毫米的增长，而高度上降低了 50 毫米。内部空间也相应有所增加，特别是在后排长度和前排肘部空间上。这些典型的改进会越来越多地出现在未来中国 SUV 市场的新车型上。

奔驰在安全性方面也算是业界代表，中国 SUV 市场的产品在安全方面会达到新的高度。奔驰 GLC 就拥有多种安全辅助系统，如盲点辅助系统、预防性安全系统、智能互联系统、限距控制系统增强版、带自适应制动的制动辅助系统（BAS）、车道保持辅助系统、主动式驻车辅助系统及 360 度摄像头等。在安全辅助系统中，许多是全系标配。未来，这种趋势不仅会反映在合资车型中，也会反映在自主品牌车型中。

（三）燃油经济性需求不断提升

自从有了 SUV 车型，市场对其燃油经济性的诟病不断。尽管现代 SUV 车型在技术上有了长足进步，但是未来市场在这方面的要求会越来越高，在保证车辆性能的基础上，用诸如新能源、新材料、新工艺等手段提升车辆燃油经济性成为必然，加上政策的帮助，这类车型会有更为广阔的市场。

在动力系统方面，混合动力、插电混动车型以及纯电动车型会更加普及。目前混动车型技术比较成熟的有雷克萨斯等品牌。以雷克萨斯 NX 系列为例，其混动系统的能力已经完全达到了传统动力的水平。NX 有 3 套动力系统、2.0 升气门升程连续可变（Valvematic）发动机、2.0 升涡轮增压发动机和混合动力系统。它的混合动力系统采用一台 2.5 升阿特金森循环发动机与电机匹配，发动机最大功率 114 千瓦，最大扭矩 210 牛·米，电机最大功率 105 千瓦，最大扭矩 270

牛·米，系统综合功率 145 千瓦。发动机与电机通过丰田特有的行星齿轮系统结合起来，这样就形成了无级的电子 CVT 变速器。混合动力车型百公里综合油耗 5.8 ~ 6.1 升。在消费市场上，以 NX300h 为代表的雷克萨斯混动系列具有较高的价值。

在插电混动车型中，国内畅销的保时捷卡宴就有自己的混动版。卡宴 SE-Hybrid 插电式混合动力为同级中首款，纯电模式可行驶 18 ~ 36 公里，电动行驶最高时速可达 125 公里。在强调性能的品牌或者产品中，用混合动力的方式可以有效解决燃油经济性的问题。当然，对于未来而言，这可能也是个过渡方案。

尽管目前还没有具有说服力的纯电动 SUV 产品，但是未来市场的这块空间还是有发展潜力的，技术难题也有望较快攻克。

（四）深入的本地化适应性是成功的基础

目前，中国汽车市场上成功的合资品牌无不缘于深入的本地化制造，更不用说自主品牌了。在这些品牌中，大众、通用、福特、丰田、本田、日产等都有自己的当家 SUV 车型，不仅占据了销售市场的前列，在技术方面也代表了未来趋势。这些车型包括奥迪 Q5、途观、昂科威、翼虎、锐界、RAV4、汉兰达、CR－V、缤智、奇骏、逍客等。在它们的发展历程中，巧妙地迎合消费者的使用习惯成为成功至关重要的因素。

典型的例子有奥迪，奥迪以科技为先导的产品开发受到了市场的关注和欢迎，全价值链的本土化过程让奥迪车型更加迎合中国普通消费者的喜好。在网络建设和品牌推广上的持之以恒，使中国市场成为奥迪全球最重要的市场，这些都给中国消费者以很强的信心，这些是奥迪成功的关键所在。例如奥迪 Q5，这款车令人眼前一亮的东西很多，如我们熟悉的动力传动系统、奥迪驾驶模式选项、新一代 MMI 多媒体交互系统等。作为一款城市型 SUV，它还有不错的越野能力。

Q5 有奥迪享有盛誉的 Quattro 全时四轮驱动系统，同级最大的接近角（25 度）和 500 毫米涉水深度对于一般的非铺装路面行驶已经很奢华了；另外，Q5 还有下坡辅助系统（Hill Descent Assist）。在 Q5 家族中，奥迪最先使用的动态转向系统完全属于创新科技。奥迪在业界是以善于创新著称的，Q5 本身就是奥迪的一件创新作品。即使面对强大的竞争对手，Q5 也是亮点多多，对于消费者具有很强的吸引力。

另一个值得一提的品牌是东风日产。上代奇骏糟糕的市场表现让日产重新审视了消费者需求，新奇骏的推出一举打开了市场局面，成为其畅销车型。新奇骏"圆滑"了许多，它的前脸风格没变，格栅上闪闪发光的 V 形镀铬装饰气势夺人；头灯改成了 LED 组合；内饰是日产的"Modern Living"设计，家居风格浓厚；中控台的布置非常合理，显示屏的位置有一定倾斜角度便于阅读；钢琴漆的面板和出风口的金属装饰也提升了整体视觉感受，恰到好处。尽管奇骏的卖相变得更好了，但其在工程上没有太大进步。虽然它是新一代产品，但换包装的意味很浓。不过，赢得市场才是重要的，它从 15 万元到 27 万元的价格区间也很诱人，消费者总能从中找到喜欢的型号，可以说其在营销上的确用心。

SUV 市场的形成、发展是由市场需求决定的。随着汽车技术的进步，SUV 车型已经从简单的运动型多功能车向集舒适性、运动性和通过性于一体的混型车方向转化。一些顶级品牌如宾利、兰博基尼、玛莎拉蒂等纷纷推出 SUV 产品占领细分市场。可以预见，未来 SUV 市场的竞争将变得白热化。对于中国的消费者来说，将能够看到越来越多的性能更强大、更加实用并且安全环保的车型出现。也许，自动驾驶技术、车载互联技术的发展能够打造出人类之前难以想象的用车体验，SUV 这一深受欢迎的车种自然也会发展到前所未有的高度。

分 报 告
Sub-reports

B.2
经济新常态下的中国 SUV 产业

2015 年，中国汽车产业在复杂的国际、国内经济环境中顺利收官。尽管汽车销量曾连续 5 个月同比下降，且最高降幅超过 7%（见表 1），但最终全年汽车产销量均以突破 2450 万辆的成绩再次创下全球历史新高，并七年蝉联全球新车产销量第一。

七年蝉联全球新车产销量第一的事实充分证明，进入结构调整和转型期的中国汽车产业，尽管汽车产销量的增速在放缓，但其整体的产业规模实力仍然不容小觑，在全球汽车产业中的地位不容忽视。尽管市场有所波动，但综观 2015 年全年国内汽车行业运行情况，传统乘用车领域（未包括新能源汽车）呈现以下几个特征。

第一，行业的产业集中度在提高。在产销量增速放缓的情况下，企业在经营过程中面临较大的困难，在这一形势下，不少企业尤其是行业内的重点企业（集团）纷纷加大产品研发和投入力度，挖掘市

场潜力，为全行业保持稳定发展贡献了力量。据中国汽车工业协会统计，2015 年全行业汽车销量排名前十位的生产企业中有 9 家实现了销量的同比增长，这 10 家企业 2015 年全年共销售汽车 2200 多万辆，占汽车销售总量的 89% 以上。

表 1　2015 年各月国内汽车销量及同比增长变化

单位：万辆，%

月份	1 月	2 月	3 月	4 月	5 月	6 月
销量	231.96	159.33	224.06	199.45	190.38	180.31
增长率	7.56	-0.22	3.29	-0.49	-0.4	-2.31
月份	7 月	8 月	9 月	10 月	11 月	12 月
销量	150.3	166.45	202.48	222.16	250.88	278.55
增长率	-7.12	-2.98	2.08	11.79	19.99	15.39

资料来源：中国汽车工业协会。

第二，鼓励政策作用明显，小排量及 SUV 车型异常火爆。经历了销量连续下降的低迷，2015 年 10 月 1 日开始实施的新一轮 1.6 升及以下排量乘用车车辆购置税减半政策，对于提振 2015 年第四季度车市，以及确保全年汽车产销量再创新高，起到了关键作用。在政策实施后的 3 个月（2015 年 10 ~ 12 月），全国汽车月度销量的同比增长率不仅迅速从 9 月之前的下降变为正增长，而且较 9 月也有了明显提升，增长率均已达到两位数且以最高增幅近 20% 的增长态势收官。在政策的促进下，2015 年全年 1.6 升及以下排量乘用车共销售 1450.86 万辆，同比增长 10.38%，占乘用车销售总量的 68.61%。与此同时，SUV 车型的销量继续大幅攀升，2015 年全年销量首次超过 600 万辆，同比增长 52.39%。SUV 车型的销量已经占到乘用车总销量的近 30%，这也使国内乘用车市场产品结构发生了明显的调整和变化。

第三，自主品牌汽车份额继续攀升，SUV 车型功不可没。2015

年，国内乘用车产销量首次超过 2000 万辆，其中自主品牌车企凭借对市场需求的准确把握和在产品质量、产品技术上的持续提升，占有率逆势上升。据中国汽车工业协会统计，2015 年，自主品牌乘用车共销售 873.76 万辆，同比增长 15.27%，占乘用车销售总量的 41.32%，占有率比上年提高 2.86 个百分点。其中，自主品牌 SUV 车型的销量首次超过自主品牌轿车，市场占有率也稳居 SUV 细分市场第一位。自主品牌 SUV 的持续热销和销售份额的高速增长，是带动其市场占有率逆势攀升当之无愧的主力因素。

在 2015 年国内乘用车行业呈现出的诸多特征中，SUV 车型的优异表现成为不可抹杀的亮点。SUV 车型的持续高速增长促进了乘用车领域的产品结构调整和转型升级，自主品牌车企也可借助在 SUV 市场上积累的经验，提升自身的核心实力及市场话语权；同时，合资车企加紧在 SUV 领域实现更加完善的产品布局。SUV 已经成为当下乘用车企业的"必争之地"，未来国内 SUV 市场的竞争也将日趋激烈，将从门槛较低的自由竞争阶段进入更加残酷的优胜劣汰阶段。

一 SUV——在新常态下的
产业结构调整中露锋芒

SUV 产品在中国市场上的持续火爆并非偶然。从产业层面上，可以将这一现象解读为，在新常态下汽车产业结构调整过程中市场规律和消费需求的变化导致的一种必然结果，以及汽车产业在调整过程中、在转型升级蜕变道路上的必经阶段。

从最近十年的情况看，国内 SUV 市场需求一直保持快速增长，年均增速达 43.7%（见表 2），明显高于乘用车整个行业的增速，市场占有率也呈逐年上升趋势。在 SUV 市场持续繁荣的过程中，国内乘用车行业的产品结构调整以及转型升级也在逐步酝酿和实现。

表3　2014年国内乘用车各细分市场产销量增长贡献度

单位：万辆，%

车种	产量				销量			
	本期	2013年同期	增量	贡献度	本期	2013年同期	增量	贡献度
轿车	1248.11	1210.08	38.03	20.72	1237.67	1200.97	36.70	20.70
SUV	416.65	302.58	114.08	62.15	407.79	298.88	108.91	61.44
MPV	197.27	132.08	65.19	35.51	191.43	130.41	61.02	34.42
交叉型乘用车	129.95	163.68	-33.73	-18.37	133.17	162.52	-29.35	-16.56
总计	1991.98	1808.42	183.56	100.00	1970.06	1792.78	177.28	100.00

资料来源：中国汽车工业协会。

　　2015年，SUV细分市场继续在乘用车领域独领风骚。据中国汽车工业协会统计，尽管整体车市增速放缓，但2015年我国汽车产销量双双突破2400万辆，创历史新高。其中，乘用车产销量首次均突破2000万辆，分别达到2107.94万辆和2114.63万辆，产销量同比增长分别为5.8%和7.3%。从乘用车各系别车型的产销量增长贡献度来看，SUV车型依旧是支撑乘用车产销量增长的主力。2015年，国内SUV产销量首次均突破600万辆，同比增长分别达到49.65%和52.39%；而轿车的全年产销量则同比分别下降6.84%和5.33%，交叉型乘用车产销量同比分别下降16.92%和17.47%（见表4）。

　　由此可见，2015年乘用车产销量的增长对SUV车型的依赖度比2014年更高。2015年乘用车各细分市场产销量增长贡献度也能更加清晰地印证这一趋势。2015年，无论是在产量增长贡献度还是在销量增长贡献度方面，SUV车型都是乘用车各细分市场中最高的。由于轿车的增长贡献度呈现明显的下降趋势等，2015年SUV的产销量贡献度较2014年有较大幅度的提升。其中，SUV车型在2014年的产量贡献度为62.15%，到了2015年则迅速增至179.99%；销量贡献度则从2014年的61.44%增至2015年的148.64%。

表4   2015 年国内乘用车各细分市场产销增长贡献度

单位：万辆，%

车种	产量				销量			
	本期	2014 年同期	增量	贡献度	本期	2014 年同期	增量	贡献度
轿车	1163.09	1248.42	-85.33	-74.14	1172.02	1237.98	-65.96	-45.85
SUV	624.36	417.21	207.16	179.99	622.03	408.19	213.84	148.64
MPV	212.53	197.27	15.26	13.26	210.67	191.43	19.24	13.37
交叉型乘用车	107.96	129.95	-21.99	-19.11	109.91	133.17	-23.26	-16.17
总计	2107.94	1992.85	115.09	100.00	2114.63	1970.77	143.86	100.00

注：相关数据有小幅波动，均以中国汽车工业协会发布的产销量数据为准。

资料来源：中国汽车工业协会。

（二）自主品牌 SUV 市场占有率稳居第一

值得一提的是，2014 年，自主品牌乘用车市场占有率下降，创 2009 年以来新低，尤其是自主品牌轿车表现较为低迷，但自主品牌在 SUV 细分市场却十分活跃，表现突出（见表5）。2014 年，自主品牌 SUV 产品在整个 SUV 细分市场的占有率继续领先，保持第一。其中，以自主品牌为主的排量在 1.6 升及以下的小型 SUV 产品的销量增速最快，全年共销售 127.17 万辆，同比增长 81.15%。

另外，在销量增长贡献度方面，2014 年 1.6 升及以下排量的小型 SUV 的销量增长占当年 SUV 销量增长的一半以上，达到 52.30%。值得一提的是，在这一排量区间的国产 SUV 车型中，以自主品牌为主，因此自主品牌小型 SUV 的畅销不足为奇。在 1.6 升及以下排量的小型 SUV 车型中，自主品牌不仅产品数量多、布局早、布局快，而且其产品外观、配置、性价比的优势也十分突出，以较明显的优势领先于合资品牌。1.6 升以上 2.0 升以下排量的中级 SUV 车型则是合资品牌的主要市场。该排量区间的 SUV 车型销量贡献度仅次于 1.6

升及以下小排量 SUV 车型，为 43.43%（见表6）。随着合资车企在该细分市场产品布局的不断完善，以及其产品技术和成本控制优势的不断发挥，实力和后劲不容小觑。

表5　2014 年国产 SUV 品牌分系别销量增长贡献度

单位：万辆，%

品牌系别	本期	2013 年同期	增量	贡献度
自主品牌	182.52	121.38	61.13	56.13
日系品牌	78.04	64.23	13.81	12.68
德系品牌	55.12	40.83	14.29	13.12
韩系品牌	40.45	41.72	−1.27	−1.17
美系品牌	39.89	25.47	14.41	13.23
法系品牌	11.78	5.23	6.54	6.01
SUV 销售总量	407.79	298.86	108.91	100.00

资料来源：中国汽车工业协会。

表6　2014 年国产 SUV 分排量销量增长贡献度

单位：万辆，%

排量	本期	2013 年同期	增量	贡献度
1 升 < 排量 ≤ 1.6 升	127.17	70.20	56.96	52.30
1.6 升 < 排量 ≤ 2.0 升	197.71	150.40	47.30	43.43
2.0 升 < 排量 ≤ 2.5 升	66.03	58.93	7.10	6.52
2.5 升 < 排量 ≤ 3.0 升	14.44	15.68	−1.24	−1.14
3.0 升以上	2.45	3.66	−1.21	−1.12
SUV 销售总量	407.79	298.88	108.91	100.00

资料来源：中国汽车工业协会。

　　2015 年，SUV 细分市场取得的成绩更加突出。全年销量首次超过 600 万辆，同比增长超过 50%，占整体乘用车销量的近 30%，比 2014 年提升了 8.7 个百分点。从各系别来看，自主品牌 SUV 的市场占有率继续稳居第一，优势继续保持。据统计，2015 年自主品牌

SUV 共销售 334.3 万辆，占 SUV 总销量的近 54%，而且自主品牌 SUV 销量在 2015 年首次超过自主品牌轿车（见表 7）。在国产 SUV 销量前十名的车型中，自主品牌就有 7 个，占据绝对优势（见表 8）。从其他系别的车型表现看，日系品牌的国产 SUV 车型全年销量突破 100 万辆，销量及市场占有率大幅落后于自主品牌 SUV，两者相差有 2 倍之多。德系、美系和韩系的 SUV 车型全年销量基本处于 40 万 ~ 60 万辆的水平，由于车型相对单一，尚未在 SUV 细分市场形成较为突出的矩阵优势。不过，凭借产品布局的逐步完善，日系、德系、美系、韩系、法系的 SUV 车型销量增速也都有较大幅度的提升，这意味着未来 SUV 细分市场的竞争将更加激烈。

2015 年，以自主品牌为主的小排量小型 SUV 更受市场的推崇。按排量划分，2015 年，1.6 升及以下小型 SUV 继续畅销，全年共销售 280.37 万辆，同比增长 1.2 倍，占 SUV 销售总量的 45.07%；1.6 ~ 2.0 升以及 2.0 ~ 2.5 升的 SUV 车型销量虽然增速远不如 1.6 升及以下小型 SUV，但也实现了较稳定的增长；而 2.5 升以上的 SUV 车型的需求继续下降，同比下降达 51.9%。

表 7　2015 年乘用车各细分车型分系别销量及市场占有率情况

单位：万辆，%

品牌系别	轿车		SUV		MPV	
	销量	占有率	销量	占有率	销量	占有率
自主品牌	243.03	20.74	334.3	53.74	186.58	88.56
德系品牌	335.31	28.61	60.75	9.77	3.76	1.78
日系品牌	222.26	18.96	101.68	16.35	12.44	5.9
美系品牌	192.68	16.44	58.99	9.48	7.9	3.75
韩系品牌	122.48	10.45	45.4	7.3	—	—
法系品牌	52.82	4.51	20.1	3.23	—	—

资料来源：中国汽车工业协会。

表8 2015 年国产 SUV 销量前十名车型

单位：万辆

排名	SUV		排名	SUV	
	品牌	销量		品牌	销量
1	哈弗 H6	37.32	6	幻速	18.11
2	途观	25.58	7	CS35	16.93
3	瑞风 S3	19.68	8	哈弗 H2	16.85
4	瑞虎	18.73	9	奇骏	16.64
5	CS75	18.66	10	昂科威	16.3

资料来源：中国汽车工业协会。

B.3
中国 SUV 产业市场结构分析

摘　要：　中国汽车市场对 SUV 车型的需求呈现地理分布广、需求旺盛的特点。为了迎合市场需求，国内 SUV 生产企业迅速布局，生产企业数量、车型数量及生产规模等持续增长、扩大。据统计，虽然近五年来国内轿车的销量呈现增长态势，但轿车在整个乘用车销量中的份额却逐年递减。可见，SUV 的热销以及市场占有率的不断提升正在改变着国内乘用车的消费结构。

关键词：　需求　增长　产销比

一　国内 SUV 产业现状及市场布局

（一）国内 SUV 生产企业数量、车型数量及生产规模均持续增长、扩大

由于 SUV 细分市场呈现较好的增长态势，近年来国内汽车制造企业都纷纷在 SUV 细分市场抓紧布局。

据统计，截至 2014 年底，国内生产 SUV 车型的企业共有 53 家，国产的 SUV 车型约 120 款，国内主要乘用车生产企业均无一例外地在投产一款或多款 SUV 车型。其中，合资车企 2014 年生产在售的国产 SUV 车型在 40 款以上，自主品牌车企 2014 年生产在售的国产 SUV 车型超过 70 款。在生产和在售的数量与规模上，自主品牌车企

占据较明显的优势。

在生产规模上，2014 年，国内车企 SUV 产量为 416.65 万辆，约占乘用车总产量的 21%。得益于 SUV 细分市场的高速增长，2015 年国内车企 SUV 产量大幅上升至 624.36 万辆，约占乘用车总产量的 30%（见表 1）。

表1　2010～2015 年国内 SUV 产量占乘用车产量的份额变化

年份	占比	年份	占比
2010	9.6%（133.8 万辆/1389.71 万辆）	2013	16.7%（302.57 万辆/1808.52 万辆）
2011	11.1%（160.26 万辆/1448.53 万辆）	2014	20.9%（416.65 万辆/1991.98 万辆）
2012	12.9%（199.86 万辆/1552.37 万辆）	2015	29.6%（624.36 万辆/2107.94 万辆）

资料来源：中国汽车工业协会。

鉴于细分市场潜力的迅速释放，国内车企针对 SUV 车型产品线布局的丰富和完善步伐也在加快。2014 年，诸如一汽丰田、上汽通用、东风日产、北京现代、长城汽车、广汽吉奥、奇瑞汽车、广汽乘用车等车企旗下的 SUV 车型已经超过三款，正在酝酿或者已经在市场上形成了自身的 SUV 产品矩阵优势。其中，上汽通用、东风日产、长城汽车等车企，在 SUV 细分市场中也力图建立覆盖小型、中型、大型 SUV 各细分市场的丰富产品布局，实现"多点开花"。

2015 年，这一趋势更加明显。据统计，2015 年国内 SUV 生产企业共有 60 家，与 2014 年比，又有 7 家企业加入 SUV 生产阵营中。随着生产企业的不断加入、生产规模的扩大、车型的不断丰富，2015 年市场上销售的国产 SUV 车型也增加至 150 余款（同一车型新老款同堂销售按两款车型计算）。其中，生产在售的自主品牌 SUV 车型超过 100 款，占整个国产 SUV 车型数量的 66% 以上；生产在售的合资品牌 SUV 车型在 50 款左右，数量也比 2014 年有所增加。

由于 SUV 车型能够及时满足个性化、多样化的消费需求，国内消费者对 SUV 车型的偏好在近几年大幅上升，这也为促使企业加大产品投放力度、不断完善 SUV 产品布局增加了动力。事实证明，产品开发和导入的速度及数量、新品投放市场的频率、产能的扩充以及产量的增长，都显示了近几年国内车企对投身 SUV 细分市场的踊跃性和积极性。

（二）SUV 市场布局日趋密集、完善，产销占比持续快速提升

中国汽车工业协会的数据统计显示，2010～2015 年国内 SUV 市场的销量持续增长，市场占有率从 2010 年的不到 10% 一跃增长至 2015 年的 29.4%，SUV 车型在整个乘用车市场的地位也随之迅速提升。在轿车尤其是自主品牌轿车增长逐渐乏力之时，SUV 车型成为拉动乘用车市场增长的新引擎。

相反，2010～2015 年国内轿车的销量虽然呈现增长态势，但占整个乘用车销量的份额逐年递减。可见，SUV 的热销以及市场占有率的不断提升，也正在改变国内乘用车的消费结构。

凭借明显的市场竞争优势，SUV 正在分流相当一部分原有的轿车市场需求。根据数据统计，2010～2015 年，国内 SUV 销量占乘用车销量的份额呈现逐年上升趋势，从 2010 年的不到 10% 上升至 2015 年的 29.4%，值得注意的是，2014 年国内 SUV 的销量首次突破 400 万辆，占乘用车总销量的 20.7%（见表 2）。而轿车方面，尽管其销量在 2010～2014 年仍占据乘用车销量的 60% 以上，但在呈现下降趋势，相当一部分份额转至 SUV 市场（见表 3）。

另外，国内 SUV 占乘用车市场份额的提升，也与国外发达汽车市场呈现类似特征有关。根据国外市场的相关统计（数据截至 2013 年底），韩国市场 SUV 销量占乘用车市场销量份额的最高纪录为 30%，美国为 28%，日本为 10%。按照目前的发展态势，国内 SUV

在乘用车市场所占份额已经超过了部分国外市场。2015 年美国汽车市场包括皮卡、SUV 和 MPV 在内的轻型车销量再创新高，达到 989.7 万辆，增速为 12.8%，市场份额达 56.7%。

表 2　2010～2015 年国内 SUV 销量占乘用车销量的份额变化

年份	占比	年份	占比
2010	9.6%（132.6 万辆/1375.78 万辆）	2013	16.7%（298.88 万辆/1792.89 万辆）
2011	11.0%（159.37 万辆/1447.24 万辆）	2014	20.7%（407.79 万辆/1970.06 万辆）
2012	12.9%（200.04 万辆/1549.52 万辆）	2015	29.4%（622.03 万辆/2114.63 万辆）

资料来源：中国汽车工业协会。

表 3　2010～2015 年国内轿车销量占乘用车销量的份额变化

年份	占比	年份	占比
2010	69.0%（949.43 万辆/1375.78 万辆）	2013	67.0%（1200.97 万辆/1792.89 万辆）
2011	69.9%（1012.27 万辆/1447.24 万辆）	2014	62.8%（1238 万辆/1970.06 万辆）
2012	69.3%（1074.47 万辆/1549.52 万辆）	2015	55.4%（1172.02 万辆/2114.63 万辆）

资料来源：中国汽车工业协会。

2015 年国内 SUV 销量继续攀升，突破 600 万辆，同时 SUV 销量占乘用车销量的份额已近 30%，可见 SUV 车型的市场表现对乘用车市场的发展发挥着越来越重要的作用（见表 4）。换言之，SUV 细分市场的表现几乎成为近几年体现整个国内乘用车市场兴衰的“晴雨表”。

表 4　2010～2015 年国内 SUV 销量及同比增长统计

单位：万辆，%

年份	SUV 销量	同比增长	年份	SUV 销量	同比增长
2010	132.6	80.5	2013	298.88	49.4
2011	159.37	20.2	2014	407.79	36.4
2012	200.04	25.5	2015	622.03	52.4

资料来源：中国汽车工业协会。

（三）分布广、需求旺：SUV成为各级别区域市场的"香饽饽"

在生产布局上，SUV车型实现了"全面开花"，同时在市场消费层面，国内SUV细分市场也呈现"东西南北均热销，各级别城市受追捧"的局面。

新华信的数据调查显示，2009～2014年国内一线至五线城市的SUV销量占比均呈现高速增长状态。截至2014年，一线城市SUV的销量已经占到乘用车销量的23.3%；而五线城市的这一比例则高于一线城市，达到23.7%，成为国内SUV市场份额最高的城市区域市场（见图1）。

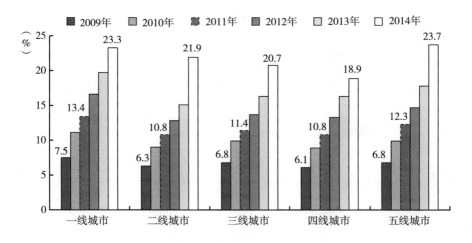

图1 SUV在国内各级别城市的销量占比

从市场份额增长的轨迹看，2009年，国内各级别城市的SUV市场份额基本锁定在6%～8%，其中一线城市表现出较为明显的优势；到了2011年，SUV在各级别区域市场的占有率跃升至10%以上，虽然一线城市的份额最高，但领先的优势已经不太明显；三线和五线城

市对 SUV 车型的市场需求大幅上升，使得 SUV 销量提升较快，市场份额增加也很快。2014 年，各级别城市 SUV 市场份额基本都升至 20% 以上。可见，与轿车市场不同的是，国内 SUV 市场潜力的释放，更像是一个各级别城市"集体发力"的过程，呈现出时间集中、增速较为一致的特点。

另外，值得一提的是，受地理环境、路况等条件影响，中西部城市消费者对 SUV 车型的接受程度和喜爱程度更高，市场份额的增速也普遍高于其他地区。据统计，近几年在包括陕西、内蒙古、新疆、云南、广西在内的中西部省份，SUV 车型无论是在乘用车市场占有率还是在销量增长率方面，都名列前茅。

中国SUV市场的总体环境与挑战

摘　要： 中国SUV市场的发展环境良好：产业环境方面，SUV
产业的发展有助于推进供给侧改革；政策环境方面，
宏观政策为SUV市场的蓬勃发展和技术提升创造了基
础条件，"二孩"政策和地方政策的引导都对SUV的
发展起到了促进作用；市场环境方面，SUV车型满足
了消费需求，仍具有很大的发展潜力。机遇与挑战并
存，如今SUV市场已由"蓝海"变为"红海"，有些
企业的发展过度依赖SUV，车型差异化不足势必在未
来市场变化时引发危机，市场供求关系的平衡也在调
整中增加了未来发展的不确定性。

关键词： 环境　政策　挑战

一　总体环境

（一）产业环境

经历了持续快速增长，七年蝉联全球新车产销量第一的中国汽车产业，如今已经步入关键的结构调整和转型期。在这一阶段，发展速度已经不是一味追求的重点，发展的质量才是核心；实现结构调整也随之成为转型期亟待完成的首要任务；凭借增强企业活力、提高企业

核心竞争力等途径，全面实现中国汽车产业由大到强的转型，为汽车产业注入可持续发展的活力的发展思路，已在业界达成共识。

随着改革的不断深入，中国汽车产业在《中国制造2025》战略的实施、供给侧改革推进的过程中发挥了重要作用。中国汽车产业推进结构调整，扩大有效供给，提高供给结构对需求变化的适应性和灵活性，其提高全要素生产率、满足大众需求、实现产业可持续健康发展的目标愈加明确。

作为"十三五"时期发展战略的重点，供给侧改革的一个目标就是淘汰落后产能、化解过剩产能。事实上，尽管我国已经是名副其实的汽车大国，但在向汽车强国转型的过程中，仍存在自主创新能力不足、产能局部过剩等问题，产业结构调整的需求日益突出。

SUV依托自身的产品特性以及市场需求特性，在目前国内汽车产业中为企业打造的竞争力、在市场中体现出的活力以及表现出的可持续增长潜力，都顺应和符合产业结构调整和升级的大方向、大目标。换言之，SUV之所以在国内汽车产业中呈现出旺盛的活力，是因为其产品特性符合汽车产业转型升级发展的客观规律，能够更好地化解一部分过剩产能及落后产能。在市场层面，SUV车型较充分地满足了消费者需求，为整体增速放缓的车市带来了增长亮点，成为带动车市持续前行的新动力。

（二）政策环境

1. 宏观政策导向为 SUV 市场快速发展和技术升级创造了优越条件

在多项政策都在引导和促进行业转型的过程中，政策导向也在为SUV市场的繁荣创造优越的环境。

自2015年10月1日起，新一轮1.6升及以下排量乘用车车辆购置税减半优惠政策实施，进一步催热小排量SUV市场。从销量上看，这一政策出台后的效果是立竿见影的。2015年第四季度乘用车市场整体复苏的最主要原因就是小排量乘用车车辆购置税减半优惠政策的实施。具体到 SUV 车型，1.6 升及以下排量小型 SUV 在 2015 年表现异常活跃，全年销量占 SUV 销售总量的 45% 以上，接近一半，加之车辆购置税减半优惠政策的实施，小排量 SUV 的市场表现更加活跃。

企业对该细分市场的产品布局也愈加密集，尤其是自主品牌企业，在小排量 SUV 细分市场上的优势十分突出。据统计，在 2015 年销量前十名的 SUV 车型中，至少有 6 款车型搭载有 1.6 升及以下小排量发动机，而且这些车型大部分都是自主品牌旗下的产品。值得一提的是，近年来，由于小排量 SUV 车型受宠，为了将动力性能和燃油经济性更好地结合，小排量涡轮增压发动机日渐在小型 SUV 中得到普及，而且这一流行趋势不仅是合资品牌的专利，自主品牌车企也陆续将自主研发的小排量涡轮增压发动机搭载到旗下的小型 SUV 上。这也在无形中促进了小型 SUV 产品技术的优化和升级。

比如，哈弗 H6 1.5T 车型搭载的 GW4G15B 的 1.5 升涡轮增压全铝发动机，具有 VVT 可变气门正时技术，最大功率可达 110 千瓦，峰值扭矩为 210 牛·米，动力性能超越长城汽车自然吸气 2.0 升发动机。另外，搭载 1.6 升自然吸气发动机的 CS35 在国内 SUV 细分市场中表现十分出色。搭载 1.5 升涡轮增压发动机的 CS35 自入市以来，凭借其更加充沛的动力和更加节能的表现，延长了在市场上的活跃期。在小排量涡轮增压技术方面有着成熟经验的合资品牌也陆续向 SUV 车型导入该项发动机技术，上汽大众途观、长安福特翼虎、上汽通用昂科拉等合资品牌 SUV 都陆续搭载了动力更强、油耗更低的小排量涡轮增压发动机。

2. "全面二孩"政策实施带火七座 SUV 市场

2015 年，以广汽丰田全新汉兰达为代表的中高端七座 SUV 扎堆上市。随着"全面二孩"政策的实施，七座 SUV 以更宽敞、灵活、实用的空间和更高端、智能、全面的配置迎合了政策所带来的消费新

需求，因此受到市场欢迎。目前，市场上在售的七座 SUV 车型大多数定位于中高端，售价多集中在 20 万~25 万元，如广汽丰田全新汉兰达、起亚全新索兰托 L、道奇酷威、长安福特锐界、上汽通用雪佛兰科帕奇。另外，随着七座 SUV 的迅速升温，自主品牌也在 2015 年抓紧了在这一细分市场的布局。哈弗、北汽幻速、比亚迪、吉利都先后推出了各自的七座 SUV 产品，以较为突出的空间及性价比优势进入七座 SUV 细分市场参与竞争。2016 年，自主品牌抓住"全面二孩"政策放开的契机，将进一步在七座 SUV 领域发力。据不完全统计，长安、广汽传祺、东南汽车、力帆等自主品牌车企都会陆续推出七座 SUV 车型。与合资品牌的七座 SUV 有所不同，从目前已经上市在售的自主品牌 SUV 车型的售价看，除了哈弗 H9 的指导价定在 20 万元以上，其他车型的售价基本锁定在 10 万~15 万元。自主品牌 SUV 主要以性价比优势参与市场竞争、占领市场份额。

3. 地方限购、限行政策引发消费结构调整，SUV 车型从中受益

除了国家出台的宏观政策对 SUV 市场产生影响之外，一些地方政策的出台，客观上也在影响着 SUV 市场的走向。

汽车限行、限购政策陆续在全国多地实施，其对汽车消费结构带来的影响也日趋凸显。有调查显示，汽车限行限购政策的实施，客观上对消费者的购车预算、购车需求产生了影响，SUV 车型则从中受益。事实上，在"一号难求"的局面下，相当一部分消费者普遍提高了购车预算，购车需求也随之改变，将目标更多地锁定在更加宽敞实用的 SUV 车型身上。另外，在限购城市，尤其是一线城市，由于限购政策，新车指标增加量受限，大部分新车销量都是靠旧车置换完成的。随着一线城市汽车换购高峰期的到来，换购意味着升级，很多消费者也不约而同地将 SUV 车型列为换购目标。可见，限行限购政策和换车周期的到来，为 SUV 市场的火爆提供了优越的条件。

（三）市场环境

1. 总体市场份额不大　SUV 仍有增长空间

不可否认，随着宏观改革和结构调整政策以及多项地方政策的实施，SUV 市场的火爆可谓"恰逢其时"。政策和消费需求的双重影响，为 SUV 市场的快速发展壮大营造了良好的市场环境。

2015 年，国内 SUV 的销量首次突破 600 万辆，成为乘用车各细分市场产销增量最大的车型，在产销量增长贡献度上也均超过 100%，明显高于乘用车市场的其他车型。在乘用车 2000 多万辆的产销规模中，SUV 车型的市场份额占到 1/3 左右，按照目前的成长态势，未来 SUV 市场仍有一定的增长空间。

综观国际市场，2014 年 1～5 月，美国市场上的 SUV 和跨界车型销量占比首次超过轿车，当时 SUV 和跨界车型占美国轻型车销量的 36.5%，而轿车销量占 35.4%。在欧洲，2015 年 SUV 的销量也首次超过传统的紧凑型和微型轿车，占据最大的市场份额。2015 年全年欧洲市场 SUV 的总销量达到 320 万辆，同比增长 24%，市场份额从 2014 年的 19.8% 增长到 22.5%。其中，中型 SUV 成为 SUV 市场份额增长最快的车型，销量同比增长 42%，与中国市场类似，最畅销的还是紧凑型 SUV。

目前国内 SUV 车型所占市场份额与美国相比还有一定差距，但随着市场结构、消费结构、产品结构的不断调整和成熟，国内 SUV 车型市场份额将有所攀升，更加接近国际成熟汽车市场水平。国内 SUV 市场的成长势头几乎与欧洲市场持平，甚至快于欧洲 SUV 市场的增长。同时，在成长过程中，中国与欧洲 SUV 细分市场所呈现的特征也有相似之处。

2. 消费升级为 SUV 市场繁荣创造条件

可以说，SUV 的市场繁荣，搭上了国内汽车市场消费升级的快

车。由于与消费升级的节奏吻合，SUV 市场凭借产品的快速布局、消费需求的迅速扩张，迎来了持续的高速增长。

国家信息中心数据显示，自 2002 年至今，SUV 市场一直保持高于乘用车整体市场的增速快速成长壮大，尤其在近几年市场增速放缓成为整个乘用车市场的主基调后，SUV 市场依旧保持高速增长的状态。这充分说明，SUV 市场的确有着旺盛的需求和潜力。

在消费升级的过程中，消费者对汽车产品的需求更加趋于多元化，另外，汽车消费升级与私家车主换购第二辆、第三辆车的需求有重合，因此随着消费能力的增强，产品在级别上也更加趋向大型化和中高档化，随之而来的是对中高价位汽车产品的稳定需求。从企业的角度来说，为满足消费升级需求，将中高档车型价格不断下探，客观上也助推了汽车消费升级过程中中高档汽车市场份额的稳定扩张。

对于 SUV 而言，无论是需求的多元化还是车型的大型化，SUV 产品都顺应了消费升级的需求，车企纷纷推出相应的车型，及时填补了市场缺口。因此，在消费升级的过程中，相当一部分轿车的市场份额被 SUV 车型所抢占。从目前的情况看，由消费升级所带来的 SUV 需求快速增长的趋势还将延续。与此同时，SUV 的产品供给还将继续增加，一些主流厂商将继续在 SUV 市场进行更加完善的产品布局。

3. SUV"一专多能"的产品特性满足消费多重需求

SUV 车型的热销和市场的快速增长，离不开其产品的多功能特性。尤其是在国内汽车消费结构升级、消费需求变得更加多重的趋势下，SUV 产品凭借其不断优化的空间优势、动力优势、越野性能优势及实用性优势，成为越来越多消费者心目中"一专多能"的家用代步工具。

与轿车相比，SUV 在车内空间、越野性能方面普遍具备优势。无论是在储物空间还是在乘坐空间方面，SUV 都能提供比轿车更灵活多变的空间组合方式。由于底盘相对较高，SUV 具备更强的道路通过性，除城市路况外，还能应付多种复杂越野路况。另外，在动力方面，SUV 能够保证强劲动力。为满足消费者在城市路况行驶时对燃油经济性的需求，近年来不少车企纷纷将兼顾动力性和燃油经济性的动力组合搭载在越来越多的 SUV 产品上，使 SUV 逐步摘掉了多年前"油老虎"的帽子。

近年来，自主品牌和合资品牌都不约而同地推出了既能满足日常城市代步需求，又能兼顾一定越野、出游功能的城市 SUV，并迅速得到了市场的认可。这类为了适应市场多重需求，从纯硬派越野车衍生出的车型，恰到好处地将传统轿车和 SUV 的优点融合起来，满足了相当一部分消费者对 SUV 车型的多样化需求：在外观方面，既有轿车甚至跑车的流畅线条，又有 SUV 车型的硬朗风格，相对较高的底盘离地间隙，使驾驶视野更加开阔，车辆通过性更强；在性能方面，城市 SUV 既保证了日常在城市路况行驶中较好的动力性能和燃油经济性，又能游刃有余地应对多种复杂路况；在舒适性及功能性方面，城市 SUV 既能保证与轿车并无差异的驾乘舒适性，也能发挥 SUV 车型更加突出的车内空间及多功能优势。

值得注意的是，由于将"一专多能"特性发挥得比较充分，且能够精准地满足消费者的多重需求，城市 SUV 已经成为目前带动国内 SUV 市场销量增长的主力。从 2015 年国产 SUV 销量前十名看，上榜车型几乎都是紧凑型和中型城市 SUV。

城市 SUV 兼顾传统轿车和硬派越野的优势，凭借多功能的产品特性受到市场欢迎；另外，"全面二孩"政策的放开与七座 SUV 车型更加突出的多功能优势使七座 SUV 细分市场迅速升温。随着竞争的升级，车企都在积极地推出新品迎合 SUV 细分市场不断变化的多重消费需求，力图将 SUV 车型"一专多能"的产品优势发挥得淋漓尽致，在 SUV 当下良好的市场环境和形势下，进一步深度挖掘其增长潜力。

二 面临的挑战

无疑，在国内车市增速放缓、从爆发式增长回归微增长的当下，国内 SUV 市场迎来了空间机遇，并成为带动整个车市增长的加速器。随着国内 SUV 产能规模急速扩张、市场规模迅速扩大、市场份额高速攀升，无论是行业、企业还是经销商、消费者，都将 SUV 视为"宝贝"。对于行业而言，SUV 的热销成为提振行业士气的典范；对于企业和经销商而言，SUV 凭借较高的溢价能力，成为实现盈利的重点；对于消费者而言，SUV 成为越来越多消费者青睐并选择的车型。

进入 2016 年，国内 SUV 细分市场的竞争更加激烈。外资品牌方面，奔驰、东风雷诺等纷纷发力推出 SUV 新品；自主品牌方面，长城的 2016 款 H6 以及 2016 款 CS75 都相继增配并实施官降，吉利酝酿已久的博越、广汽传祺 GS4 235T 也在 2016 年一季度上市。

在看到 SUV 细分市场一片欣欣向荣景象的同时，当前及未来一段时间，随着竞争态势的变化，SUV 细分市场要实现可持续成长，将面临诸多挑战。

（一）SUV 市场出现销量下滑苗头：竞争格局生变，告别"皆大欢喜"

2015 年，SUV 市场表现优异，成为带动国内车市增长的主力。但在高速增长之后，国内 SUV 市场也出现了下滑的迹象。根据中国汽车工业协会的产销数据统计结果，虽然从整体上看，2015 年国内 SUV 市场以全年销量突破 600 万辆，同比增长超过 50% 的成绩独领风骚，但具体来看，全年销量同比下滑的 SUV 车型不在少数。

一些曾经在 SUV 市场上叱咤风云的热销车型，由于上市时间偏长，产品生命周期正在从旺盛的成长成熟期走向下滑期。比如东风本田 CR – V 和上汽大众途观，作为 SUV 市场元老级热销车型，2015 年全年的销量均呈现同比下降的趋势。东风本田 CR – V 2.0 车型 2015 年全年销量虽然突破了 15 万辆，但仍然同比下降 6.88%，上汽大众途观 1.8 四驱车型 2015 年全年销量同比下降幅度则高达 27.96%（见表 1）。

表 1　2015 年部分国产 SUV 销量下滑情况

单位：辆，%

车型	销量	同比降幅
东风本田 CR – V 2.0	156607	6.88
北京现代 ix35 2.0	105872	27.14
奇瑞瑞虎 5	66980	27.45
上汽大众途观 1.8 四驱	39102	27.96

资料来源：中国汽车工业协会。

尽管从热销到销量下滑是产品全生命周期所必经的阶段，但不可否认的是，随着 SUV 市场的迅速升温，新品上市的速度加快，产品更新换代和淘汰频率也在明显提速。CR – V 出现销量下滑迹象后，曾被业界广泛关注，昔日的销量霸主缘何走下"神坛"？其中一个重要原因就是，同级竞品车型层出不穷。新款东风日产奇骏、一汽丰田 RAV4 的升级换代，以及长安马自达 CX – 5、长安福特翼虎等新车型的加入使该细分市场的竞争压力明显增大，曾经"一家独大"的局面被打破。具备竞争力的竞品车型必然分食一部分 CR – V 原有的市场份额。

由于新车型上市速度快、频率高，国内 SUV 市场的增长对新车型的依赖度更高，而老车型则"过气"更快。通过频繁推出 SUV 新品，车企"以新求量"的意图更加明显。"速食快餐"模式所带来的增长背后不乏弊端。一款产品正常的生命周期包括产品导入、成长、

成熟和衰退四个阶段。一款成功的产品在全生命周期内要发挥其品牌价值，树立较强的产品力和品牌力，在创造销量的同时，实现最大化盈利。但是为了追求推陈出新的速度和新车效应带来的短期热销，一些诸如品牌形象塑造、产品品质持续提升、营销策略深入推进等需要长期持续的工作有可能被忽略。而单纯利用新车效应拉动市场的手段，其爆发力有余，但持久力不足，也不利于缓解 SUV 市场出现的销量下滑苗头。

业内人士预测，经历了高速增长的国内 SUV 市场在 2016 年的竞争将异常激烈，在竞争的过程中市场格局也将面临深度调整。目前依靠 SUV 实现突围并对 SUV 市场壮大做出突出贡献的自主品牌车企，也面临着在该细分市场实现转型升级的严峻挑战。

另外，自主品牌车企与合资品牌车企在 SUV 产品布局之间的关系，也会随着竞争格局的变化而变化。如果说在国内 SUV 市场爆发式增长阶段，自主品牌车企和合资品牌车企之间确立了泾渭分明的关系，也就是说在 SUV 产品布局层面，自主品牌主要占领入门级小型 SUV 市场，合资品牌车企产品主要集中在中高档中大型 SUV 市场，二者互不干涉，那么随着竞争的日趋激烈，这种所谓的"和平共处""皆大欢喜"的格局将被打破。迫于竞争压力，自主品牌产品要向中高端升级，必然要参与到合资品牌更加擅长的中高档 SUV 细分市场的竞争中，同样，在自主品牌产品布局较为密集的入门级小型 SUV 细分市场，也将迎来越来越多的合资品牌实力车型。竞争的交集越来越多，国内 SUV 市场将进入优胜劣汰的加速淘汰期，销量普遍大幅增长的态势将逐渐被更加理性的增速以及各车企、各车型"有涨有落"的状态代替。

（二）"蓝海"变"红海"：差异化竞争不足

如今，SUV 市场已经不是无人争抢的"蓝海"，而是众多参与者展开激烈竞争的"红海"。目前国内各大主流车企,几乎无一例外地积极涉足 SUV 产品的规划并在 SUV 市场进行日趋完善的产品布局。

随着昔日的"蓝海"变为"红海",以及 SUV 市场容量的急速扩大,在经历了高速增长后,在企业争相布局、新品频繁推出、竞争日趋激烈的同时,压力和风险也随之提高。

值得注意的是,2010~2015 年,国内 SUV 销量从 130 多万辆跃升至 600 多万辆,SUV 的销量占乘用车销量的份额也从 2010 年的不到 10%,上升至 2015 年的 29%。这些数字一方面说明 SUV 市场在近几年来的成长是迅速的,在带动国内乘用车市场整体增长、促进乘用车产品结构及消费结构调整等方面都做出了积极的贡献;另一方面也为行业敲响了警钟,当 SUV 市场经历了此轮高速增长后,产能规模、销量规模、产品数量都明显增加,竞争格局也在发生裂变,接下来如何保证 SUV 细分市场的可持续成长,成为摆在行业和企业面前不可回避的问题。

事实上,某些 SUV 细分市场已经逐渐暴露出一些制约其可持续发展的问题。比如,在入门级小型 SUV 细分市场中车型数量繁多甚至过于密集,产品同质化现象较为明显,价格战的恶性竞争一触即发。尽管从 2015 年国内 SUV 销量前十名车型看,小型 SUV 占据了榜单的大部分席位且多为自主品牌产品,但该细分市场的可持续发展并不那么乐观。

尤其对于在小型 SUV 细分市场中占据车型品种和销量优势的自主品牌车企而言,产品的密集投放导致企业之间的竞争压力越来越大,加之自主品牌推出的小型 SUV 主要都集中在入门级别,同质化现象比较严重,终端价格战在所难免。而相比自主品牌而言,合资品牌车企虽然在小型 SUV 细分市场上的产品布局并不占据数量优势,但其产品主要定位于小型 SUV 细分市场的中高端,在避免与自主品牌小型 SUV 的主流产品展开正面竞争的同时,也具备较强的议价

能力。

尽管小型 SUV 的热销对于 SUV 整体产销规模的壮大起到了至关重要的作用，同时，作为小型 SUV 实现冲量的主力，自主品牌车企也在其中受益匪浅，但如果不警惕产品同质化现象所带来的问题，则不利于 SUV 细分市场的可持续增长。

可以预见的是，随着细分市场趋于饱和，SUV 细分市场也会告别持续的高速增长阶段而有所回落，市场会随之进入新一轮调整期，对于企业而言，竞争的技术含量也将有所提升，简单的推新品、价格战将不能满足新一轮竞争的要求。而保证产品的差异化竞争优势则是提升竞争力的根本。

（三）自主品牌车企：警惕 SUV 过度依赖症

国内 SUV 细分市场的繁荣为增速放缓的车市带来了希望，也为车企提供了盈利空间，其中受益匪浅的当数自主品牌车企。凭借在 SUV 细分市场的优异表现，自主品牌车企的 SUV 车型销量及市场占有率甚至大幅超过合资车企。而冷静分析这一现象后，需要自主品牌车企警惕患上 SUV 过度依赖症。

2015 年国内乘用车细分市场中轿车和 SUV 分系别销量情况统计显示，在 SUV 细分市场上，自主品牌 SUV 车型的销量总计 334.3 万辆，占到全年各系别 SUV 车型总销量的 53.74%，这也就意味着，自主品牌 SUV 车型的销量在 2015 年已经超过了包括德系、日系、美系、韩系和法系在内的合资品牌 SUV 车型总销量之和（见表2）。

而在轿车领域，自主品牌较之 SUV 市场的表现则逊色不少。2015 年全年，自主品牌轿车销量 243.03 万辆，占整个轿车市场销量的 20.74%，德系品牌轿车仍以 335.31 万辆的销量和 28.61% 的市场占有率成为轿车市场的霸主，日系、美系品牌在轿车市场上的表现也与自主品牌相当（见表2）。

表 2   2015 年国内乘用车细分市场（轿车和 SUV）分系别销售情况

单位：万辆，%

品牌系别	轿车		SUV	
	销量	占有率	销量	占有率
自主品牌	243.03	20.74	334.3	53.74
德系品牌	335.31	28.61	60.75	9.77
日系品牌	222.26	18.96	101.68	16.35
美系品牌	192.68	16.44	58.99	9.48
韩系品牌	122.48	10.45	45.4	7.3
法系品牌	52.82	4.51	20.1	3.23

值得注意的是，在 2015 年国产轿车和 SUV 销量前十名车型排行中，自主品牌车企在 SUV 市场和轿车市场上的表现差异也十分明显。据统计，2015 年国产 SUV 车型销量前十名中，自主品牌产品占到 7 个席位，而在轿车市场上，前十名中没有自主品牌车型（见表 3）。

表 3   2015 年国产乘用车（轿车及 SUV）销量前十名车型

单位：万辆

排名	轿车		SUV	
	品牌	销量	品牌	销量
1	朗逸	37.91	哈弗 H6	37.32
2	轩逸	33.41	途观	25.58
3	英朗	29.02	瑞风 S3	19.68
4	速腾	27.99	瑞虎	18.73
5	桑塔纳	27.62	CS75	18.66
6	捷达	27.49	幻速	18.11
7	朗动	26.71	CS35	16.93
8	卡罗拉	25.43	哈弗 H2	16.85
9	科鲁兹	24.61	奇骏	16.64
10	福克斯	24.61	昂科威	16.3

资料来源：中国汽车工业协会。

　　这些现象说明，目前自主品牌车企对 SUV 细分市场的依赖度较高。其产品战略、布局及市场表现呈现出不均衡的态势。也就是说，目前在 SUV 市场上自主品牌车企表现绝对强势，但在传统轿车领域则较为弱势。这种对 SUV 单一市场的过度依赖并不利于企业的健康成长，面对竞争，自主品牌车企必须及时弥补轿车短板，做到"不偏科"。目前很多自主品牌车企已经意识到这点，包括上汽、长安、吉利、比亚迪等自主品牌车企纷纷以实际行动践行了各自的 SUV 和轿车齐头并举的发展战略。

B.5

主要合资品牌 SUV 车型
在中国市场上的表现

摘　要：　在中国 SUV 细分市场中，自主品牌企业凭借自身产品
布局的灵活性，在市场发展的过程中快速占据了有利
位置，但主要的合资品牌企业依然凭借外方在 SUV 产
品方面的丰富经验和技术储备，维持其后发优势。德
系、日系、美系、韩系、法系品牌都在各个级别的
SUV 细分市场中布局和深耕，以图挖掘更大的市场潜
力，它们不同的品牌特点和市场战略都值得我们进行
分析、学习。

关键词：　合资品牌　SUV　中国市场

在国内 SUV 细分市场中，除了自主品牌车企在目前占据突出优
势之外，主要的合资品牌也在逐步抓紧对该细分市场的布局和深耕，
力图挖掘更大的发展潜力。不同系别和品牌各自的特点和战略思路不
同，其针对中国 SUV 市场的战略也各有不同，呈现出差异化的市场
特征和表现。

从 2015 年合资品牌国产 SUV 销量前十名的车型看，日系合资车
企在中国市场布局得较为充分，SUV 车型整体阵容比较强大，覆盖
细分市场较为全面，因此日系合资品牌 SUV 进入销量前十名的比例
最高，共有 5 款车型，占据一半席位（见表 1）。其中，东风日产新

奇骏的销量在日系合资品牌 SUV 中最高，并且是合资品牌 SUV 销量排行榜的亚军。值得一提的是，广汽本田和东风本田旗下的两款小型 SUV 缤智和炫威，上市后销量迅速提升，表现抢眼。

德系品牌和美系品牌均有两款车型入围 SUV 销量前十名。其中，"常青树"途观以超过 25.5 万辆的全年销量成为 2015 年合资品牌 SUV 销量排行榜的冠军；另一款德系国产 SUV 一汽 – 大众 Q5 则以 11.4 万辆的销量位居第九，而 Q5 也成为销量前十名中的唯一一款高档品牌 SUV。美系品牌方面，别克昂科威和翼虎两款车型的销量均跻身前五名，实力不容小觑，使原本在 SUV 细分市场规模、车型数量方面都相差无几的德系和美系两大合资品牌的竞争更加激烈。

作为韩系品牌，北京现代 ix35 2015 年的全年销量位居合资品牌 SUV 销量排行榜的第十位。对于 2015 年并不顺风顺水的韩系品牌而言，ix35 能够取得这样的成绩实属不易，但 ix35 销量同比超过 27% 的降幅则不得不让人对韩系 SUV 未来的前景捏把汗。

表1　2015 年合资品牌 SUV 销量前十名车型

单位：辆

排名	企业	车型	销量
1	上汽大众	途观	255751
2	东风日产	新奇骏	166385
3	上汽通用	别克昂科威	163023
4	东风本田	CR – V	156607
5	长安福特	翼虎	135194
6	广汽本田	缤智	126838
7	东风本田	炫威	118749
8	一汽丰田	全新 RAV4	116731
9	一汽 – 大众	Q5	114000
10	北京现代	ix35	105872

资料来源：中国汽车工业协会。

一 德系品牌 SUV 车型在中国市场上的表现

在华德系合资车企包括一汽－大众、上汽大众、北京奔驰、华晨宝马（见表2）。

表2 德系合资车企及其在售国产 SUV 车型（截止到 2015 年底）

企业	车型	企业	车型
一汽－大众	Q5、Q3	北京奔驰	GLK、GLA、GLC
上汽大众	途观、野帝	华晨宝马	X1

德系品牌 SUV 国产车型销量份额逊于轿车，整体市场表现不温不火。

以大众为首的德系车较早进入中国市场，在中国市场上有着相当稳定的客户群体，且这一群体的数量随着市场销量的增长不断壮大。在汽车领域，强势的德系"军团"以明显的优势在中国市场上保持着较高的市场份额。

从目前几家德系合资车企的业绩表现看，2015 年在轿车领域，德系合资品牌车型的销量突破 330 万辆，占据整个轿车市场 28% 以上的份额。在轿车销量前十名榜单中，有 4 款德系合资品牌轿车入围，其中朗逸夺得 2015 年轿车销量冠军。

相比于轿车，在 SUV 市场上，德系合资品牌 SUV 车型的表现则略逊于轿车，呈现不温不火的状态。2015 年，国内 4 家德系合资品牌车企生产的 SUV 车型总销量在 60 万辆的水平上，占据整个 SUV 市场近 10% 的市场份额，与在轿车领域的表现相比确实有一定的差距（见表3）。

表3　2015年德系国产SUV车型销量及同比增长

单位：万辆，%

企业	国产SUV车型销量	同比增长	所占比重
一汽-大众	18.25	-6.07	2.93
上汽大众	27.87	9.87	4.48
北京奔驰	10.5	86.00	1.69
华晨宝马	4.12	-11.71	0.66

注：数据统计均为合资品牌国产车型，不含合资自主车型。
资料来源：中国汽车工业协会。

之所以形成这样的差距，主要是由于目前德系合资车企的国产SUV车型阵容及数量不如轿车丰富、庞大。同样，德系合资品牌在SUV产品阵容方面也不如日系合资品牌，因此在国产SUV领域的销量及市场占有率方面处于相对弱势。截至2015年底，德系合资车企在华生产的SUV车型共计8款，产品主要集中在小型中高端、中型及中型中高端领域。不过，在进口高端SUV市场，以奔驰、宝马和奥迪为首的德系品牌则占据优势。

从2015年德系合资品牌SUV的销量看，北京奔驰旗下的国产SUV车型的表现比较抢眼，全年销量首次突破10万辆，同比增长86%，成长性不容小觑。随着GLA和GLC两款全新国产车型的陆续推出，奔驰品牌的国产SUV车型阵容迅速扩张，并为其实现销量和份额的快速提升提供了有力支持和保障。而一汽-大众旗下的大众品牌尚未涉足SUV领域，单凭两款奥迪国产SUV完成了18万余辆的销售业绩。上汽大众旗下的大众品牌及斯柯达品牌各有一款国产SUV车型。大众品牌旗下的途观在国内SUV市场上可谓一员"实力老将"，但由于入市多年，加之SUV市场竞争日趋激烈，尽管途观在2015年实现了超过25万辆的销量，成为支撑上汽大众国产SUV销量的顶梁柱，但也已经基本告别了此前的高速增长。斯柯达品牌旗下的野帝则由于及时调整了价格策略，实现了全年超过40%的同比增长。

值得一提的是，进入 2016 年，德系车企纷纷对 SUV 市场发力。2016 年 3 月，奔驰 GLE 在国内上市，为进口高档中大型 SUV 市场"投下了一颗重磅炸弹"。2016 年 3 月底，中国国家主席习近平对捷克展开国事访问，以促进两国经济和企业的交流合作。在此期间，捷克本土汽车品牌斯柯达、其母公司大众汽车集团和大众在华合资伙伴上汽集团签署了备忘录，明确表示未来 5 年内，斯柯达将在中国市场上投资大约 20 亿欧元，主要用于扩充在华车型阵容，顺应中国汽车市场消费趋势，打造更多的 SUV 和跨界车型。首款中大型 SUV 车型预计将在上汽大众长沙工厂投产，2017 年下半年上市。

另外，预计 2016 年年内，全新一代途观、全新宝马 X1、奥迪 Q2、全新奥迪 Q3 等 SUV 车型将陆续以进口或国产的方式进入中国市场，扩充德系品牌 SUV 产品阵营。

二 日系品牌 SUV 车型在中国市场上的表现

在华日系合资车企包括一汽丰田、广汽丰田、东风日产、郑州日产、广汽本田、东风本田、一汽马自达、长安马自达、长安铃木、广汽三菱（见表4）。

日系品牌 SUV 国产车型的市场表现可以总结为：产品阵容具备优势，车型覆盖较为全面。

在各系别合资车企中，日系国产 SUV 车型的销量多年来都领先于其他合资品牌。2015 年，这样的趋势仍然延续。根据数据统计，2015 年日系品牌国产 SUV 车型销量突破 100 万辆，占全年 SUV 总销量的 16% 以上，尽管与自主品牌 SUV 的销量和市场占有率相比仍有相当大的差距，但在合资品牌中，日系品牌国产 SUV 车型的表现则有着明显优势（见表5）。不可否认，日系国产 SUV 车型整体销量规模及占有率的稳定为日系车市场回暖做出了一定贡献。

表4　日系合资车企及其在售国产 SUV 车型（截止到 2015 年底）

企业	车型
一汽丰田	陆地巡洋舰、普拉多、全新 RAV4
广汽丰田	汉兰达
东风日产	逍客（老款）、奇骏（老款）、楼兰、新奇骏、QX50L、新逍客
郑州日产	帕拉丁
广汽本田	缤智
东风本田	CR－V、炫威
一汽马自达	CX－7
长安马自达	CX－5
长安铃木	锋驭、维特拉
广汽三菱	帕杰罗、劲炫、劲畅

表5　2015 年日系国产 SUV 车型产销量及同比增长

单位：万辆，%

企业	国产 SUV 销量	同比增长	所占比重
一汽丰田	14.19	1.28	2.28
广汽丰田	7.5	－10.99	1.21
东风日产	30.4	54.37	4.89
郑州日产	0.17	－49	0.03
广汽本田	12.68	462.28	2.04
东风本田	27.54	63.22	4.43
一汽马自达	0.5	42.67	0.07
长安马自达	4.86	1.09	0.78
长安铃木	3.53	－17.62	0.57
广汽三菱	5.63	－10.89	0.91

注：数据统计均为合资品牌国产车型，不含合资自主车型。

资料来源：中国汽车工业协会。

从 2015 年全年各系别合资品牌 SUV 销量来看，日系品牌位居第一，德系品牌位居第二，美系品牌位居第三，但它们之间的销量差距较大。日系品牌国产 SUV 的全年销量超过 100 万辆，比位居第二的德系品牌多出近 41 万辆，比位居第三的美系品牌多出近 43 万辆。在市场占有率方面，日系品牌虽然远不及自主品牌创下的超过 50% 的占比，但其超过 16% 的市场占有率在各系别合资品牌中已经遥遥领先。

在国产 SUV 细分市场中，日系品牌能够在各系别中表现突出有其原因。

首先，产品阵容较为强大。目前，日系在华合资车企旗下几乎都有各自的国产 SUV 车型。截止到 2015 年底，10 家日系在华合资车企在国内市场上在售的国产 SUV 车型达 20 余款，较其他各系别合资品牌有着明显优势。像东风日产、一汽丰田等日系在华合资车企在 SUV 市场上进行多款产品、多个层面的布局，在 SUV 细分市场中打出强有力的产品组合拳。凭借丰富的产品布局，东风日产旗下的国产 SUV 车型在 2015 年全年销量突破 30 万辆，同比增长超过 50%，不仅为完成全年销量立下了汗马功劳，也为日系国产 SUV 销量的提升做出了贡献。东风本田尽管只有两款国产 SUV 车型在售，但凭借小型 SUV 炫威的热销，在 SUV 车型销量方面实现了超过 60% 的同比增长。一直缺少 SUV 车型的广汽本田，也凭借一款小型 SUV 缤智，完成了近 13 万辆的全年销量。

其次，车型覆盖较为全面。综观目前日系在华合资车企的在售 SUV 车型，从入门级小型 SUV 到城市跨界 SUV，再到中型 SUV、七座中大型 SUV 以及中高端大型 SUV，产品较为全面地覆盖了整个 SUV 细分市场。而且，每个细分市场上的日系品牌 SUV 车型都有着可圈可点的优异表现。小型 SUV 细分市场上有炫威和缤智；城市跨界 SUV 领域有逍客和 CX－5 这两款热销车型；在七座中大型 SUV 市场中，全新汉兰达的持续热销使其在该细分市场中独领风骚；在中高端大型 SUV 市场中，全新楼兰以下调官方指导价的方式试图继续拓

展在该领域的市场增长空间；在高档 SUV 市场中，东风英菲尼迪的国产化进程也在持续推进，使其旗下的 SUV 车型迅速实现国产……总之，每个主要的 SUV 细分市场都少不了日系品牌的影子。

虽然日系合资品牌国产 SUV 车型的整体表现十分突出，但是 10 家日系合资车企的具体表现却各有差异。其中，东风日产和东风本田的表现处在第一梯队，全年国产 SUV 车型销量为 25 万~30 万辆；一汽丰田和广汽本田处于第二梯队，全年国产 SUV 销量超过 10 万辆；其他几家日系合资车企国产 SUV 车型全年销量均在 10 万辆以下。

三 美系品牌 SUV 车型在中国市场上的表现

在华美系合资车企包括上汽通用、长安福特、江铃福特、广汽菲亚特克莱斯勒（见表6）。

表 6 美系合资车企及其在售国产 SUV 车型（截止到 2015 年底）

企业	车型
上汽通用	雪佛兰科帕奇、别克昂科拉、雪佛兰 Trax、昂科威
长安福特	翼虎、翼博、锐界
江铃福特	撼路者
广汽菲亚特克莱斯勒	自由光

美系品牌 SUV 车型的市场表现可以总结为：主流美系 SUV 国产车型增长快，与德系品牌互争雄长。

在各系别品牌中，与德系品牌同属国产 SUV 车型销量第二阵营的美系品牌，在 2015 年也凭借旗下 SUV 车型的热销，呈现逆市飘红的状态。

在美系合资车企中，上汽通用和长安福特旗下的 7 款 SUV 车型几乎占据了 2015 年美系品牌在华生产 SUV 销量的九成以上。虽然

2015 年全年，美系品牌国产 SUV 销量并没有超过德系品牌，但其较快的增速有目共睹。凭借快速增长，美系品牌国产 SUV 车型的销量也在 2015 年以约 1 万辆的微弱差距，与德系品牌互争雄长（见表 7）。

表 7　2015 年美系国产 SUV 车型产销量及同比增长

单位：万辆，%

企业	国产 SUV 销量	同比增长	所占比重
上汽通用	32.81	84.1	5.28
长安福特	25.68	16.39	4.13
江铃福特	0.5	——	0.08
广汽菲亚特克莱斯勒	0.8	——	0.13

注：数据统计均为合资品牌国产车型，不含合资自主车型。
资料来源：中国汽车工业协会。

美系车在华两大主流合资品牌上汽通用别克和长安福特业绩的突破，都得益于旗下 SUV 车型的热销。在昂科威等国产 SUV 车型的带动下，上汽通用别克品牌在 2015 年累计销量首次突破 100 万辆。同样，长安福特通过加速完善 SUV 产品布局，也在 2015 年实现了突破 83 万辆的销量，同比增长 7%。与轿车表现平平形成鲜明对比的是，长安福特旗下的 SUV 车型销量在 2015 年全年实现了 16.39% 的同比增长，其中七座中大型 SUV 锐界的入市及热销连创国内同级别车型月销量纪录，翼虎的月均销量也达到 1 万辆以上的水平。SUV 车型的热销为长安福特实现整体业务增长注入了活力。

以通用和大众分别代表美系和德系两大品牌，在中国市场上，这两个品牌的竞争一直是异常激烈的，在国产 SUV 领域也是如此。2015 年，大众在中国市场的销量落后于通用，位居第二。除了受"排放门"事件等影响外，在产品层面，大众在华合资的两家车企

多年来 SUV 车型相对单一的状态已经被业内人士视为制约其 2015 年销量增长的短板。目前一汽－大众和上汽大众在售的国产 SUV 车型仅有 4 款，2015 年全年销量为 60 余万辆，不仅与大众品牌在国产轿车领域创造的遥遥领先的 300 多万辆的全年销量形成较大差距，而且与其他系别车型相比，其在国产 SUV 领域也尚未形成规模优势。对此，大众方面将加紧落实和扩充在华 SUV 产品线的规划。根据规划，大众未来几年将有多款 SUV 车型实现国产，欲通过产品的加速布局，在 SUV 市场持续发力。

通用汽车发布的未来五年在华战略规划也将 SUV 作为重点。未来五年中，通用汽车将在 SUV 细分市场实现重点布局，在陆续推出的 60 余款新车中，SUV 和 MPV 的份额将占到约 40%。显而易见，未来美系与德系品牌在 SUV 领域的竞争也将更加激烈，SUV 车型的市场表现也将成为在中国市场立于不败之地的关键。

四　韩系品牌 SUV 车型在中国市场上的表现

在华韩系合资车企包括北京现代、东风悦达起亚（见表 8）。

表 8　韩系合资车企及其在售国产 SUV 车型（截止到 2015 年底）

企业	车型
北京现代	途胜、ix35、新胜达、ix25、新途胜
东风悦达起亚	狮跑、智跑、KX3

韩系品牌 SUV 国产车型的市场表现可以总结为：以性价比优势见长，份额被蚕食，销量难掩下滑。

从整体看，2015 年全年韩系品牌国产 SUV 车型的销量为 45.4 万辆，占整个国产 SUV 销量的 7.3%（见表 9）。一直以性价比优势见长，并占有一定份额的韩系 SUV，在 2015 年的表现并不理想。

表 9　2015 年韩系国产 SUV 车型产销量及同比增长

单位：万辆，%

企业	国产 SUV 销量	同比增长	所占比重
北京现代	29.56	10.47	4.75
东风悦达起亚	15.84	15.68	2.55

注：数据统计均为合资品牌国产车型，不含合资自主车型。
资料来源：中国汽车工业协会。

从北京现代和东风悦达起亚两家韩系合资车企的具体表现看，2015 年，它们旗下的多款国产 SUV 车型的销量都不约而同地下降了。

北京现代 SUV 销量同比增长 10% 以上，主要依赖 ix25 和新途胜的拉动，其中 ix25 2015 年全年销量突破 10 万辆，与 2014 年相比增长 3 倍多。作为曾经的销量主力，ix35 的销量在 2015 年虽然也突破了 10 万辆，但增速明显回落。2015 年 9 月上市的新途胜，上市首月的月销量就突破了万辆，成为目前支撑北京现代以及整个韩系品牌 SUV 销量增长的主力军。

东风悦达起亚 SUV 销量的增长也基本依赖新车型。尽管 2015 年全年东风悦达起亚旗下的 3 款国产 SUV 车型的总销量同比增长 15.68%，但 3 款车型各自的表现参差不齐，东风悦达起亚在 SUV 阵营并未表现出更加抢眼的成长性。狮跑和智跑两款车型在 2015 年全年的销量总和为 12.6 万辆，占东风悦达起亚国产 SUV 车型全年销量的 80% 以上，但两款车型销量均呈现下滑态势，其中，狮跑同比下滑 27.21%、智跑下滑 15.5%。2015 年上市的 KX3，所处的小型 SUV 细分市场竞争异常激烈，月均销售 5000 多辆的水平与 2014 年小

型 SUV 销量冠军哈弗 H6 月均销售超过 3 万辆相比，差距相当明显。当下，KX3 在终端市场的让利也并未给销量的提升带来明显起色。

2016 年 3 月，东风悦达起亚推出了 KX5，使其国产 SUV 产品阵容扩至 4 款车型。KX5 肩负东风悦达起亚扭转颓势的重任，根据东风悦达起亚的规划，凭借 KX5，2016 年国产 SUV 车型对销量的贡献率将从 2015 年的 26% 上升至 30% 以上，并收回此前在 SUV 市场上丢掉的部分"失地"。

一直以来，韩系品牌都主打性价比优势，2015 年为了应对 SUV 市场的新一轮竞争，韩系品牌旗下的 SUV 车型采取了官降等措施，但这样的举措似乎对韩系车作用并不明显，韩系 SUV 正在遭遇其他合资品牌和自主品牌的"两面夹击"。2015 年，SUV 市场密集的官降使韩系车品牌的性价比优势不再那么突出。一方面，日系、美系、德系等合资品牌国产 SUV 车型价格的纷纷松动，对韩系品牌造成了一定冲击；另一方面，更具性价比优势的自主品牌 SUV，凭借品质的提升以及低廉的价格大规模热销，也抢占了相当一部分韩系 SUV 的市场份额。

五　法系品牌 SUV 车型在中国市场上的表现

在华法系合资车企包括东风神龙（东风标致及东风雪铁龙）、长安 PSA、东风雷诺（见表 10）。

表 10　法系合资车企及其在售国产 SUV 车型（截止到 2015 年底）

企业	车型
东风神龙	标致 3008、标致 2008、C3－XR
长安 PSA	DS6
东风雷诺	2015 年尚未有国产车型

法系品牌 SUV 国产车型的市场表现可以总结为：车型数量少，难逃小众身份。

在各系别合资品牌中，法系品牌在轿车和 SUV 市场上都扮演着相对小众的角色，在产品布局、销量规模等方面并不足以占据更多的市场份额。

2015 年，法系品牌轿车销量为 52.82 万辆，SUV 国产车型销量为 20.1 万辆，在各自细分市场上的占有率为 3%～4%（见表 11）。截至 2015 年底，法系品牌合资车企在华生产的 SUV 车型共 4 款，其中，东风神龙旗下的东风标致和东风雪铁龙共有 3 款 SUV 车型，销量约占据法系 SUV 的 91%，而长安 PSA 旗下的 DS6 销量约占 9%。

表 11　2015 年法系国产 SUV 车型产销量及同比增长

单位：万辆，%

企业	国产 SUV 销量	同比增长	所占比重
东风神龙	18.32	60.7	2.95
长安 PSA	1.78	375.5	0.29
东风雷诺	2015 年尚未有国产车型	—	—

注：数据统计均为合资品牌国产车型，不含合资自主车型。
资料来源：中国汽车工业协会。

虽然在绝对销量上不能与其他系别合资品牌相比，但与自身比，法系 SUV 在 2015 年的销量实现了增长，其中东风神龙旗下国产 SUV 销量同比增长 60.7%。小众的法系车品牌也在精心耕耘着自己在 SUV 市场上的"一片土地"。在 2015 年"升蓝计划"收官之后，2016 年 4 月，东风标致公布了未来五年的"升蓝向上"品牌计划，其中在新品投放方面，将陆续推出 18 款新车型，在扩充产品序列的同时，对现有车型实现全面升级换代。其中，覆盖大、中、小各级别的多款 SUV 新车型将陆续上市。

　　作为国内最年轻的汽车合资公司，东风雷诺在 2016 年 3 月推出了首款国产车型科雷嘉。将首款车型锁定为 SUV，选择从中国增速最快的细分市场切入，可见其对中国 SUV 市场的重视程度及乐观态度。按照东风雷诺的长期目标规划，其将在中国市场上实现 3% 的市场占有率，并将这一目标的实现寄托在 SUV 身上。除了 2015 年发布的卡宾和 2016 年推出的首款国产车型科雷嘉，东风雷诺计划在 2016 年底再推出一款 D 级 SUV 车型，将逐步形成 SUV 产品矩阵，覆盖多个级别的市场。

　　也许从销量规模上看，法系品牌追赶其他合资品牌并非一日之功，但在保持个性、浪漫风格的同时，协调和平衡好性价比优势，却是法系 SUV 能够超越自我、实现成长的有效途径，这需要真正深入市场，了解市场需求，适应和满足日新月异的市场变化。

B.6
2015~2016年SUV车型的
市场分析与预测

摘　要：　中国SUV市场的火热仍将保持一段时间，市场仍将持
　　　　　续增长。自主品牌企业依然占据发展优势，这也许会
　　　　　成为车企未来发展转型的机遇。未来1~2年将是产品
　　　　　密集投放市场的时期，竞争也将进入白热化阶段。紧
　　　　　凑型、小型SUV市场和中型、中大型SUV细分市场在
　　　　　发展过程中将呈现不同的发展特点，这也会促进市场
　　　　　竞争格局的变化。

关键词：　转型机遇　产品投放　竞争格局

　　总体上看，连续经历高速增长的SUV市场在未来1~2年供销两
旺的局面仍将持续。

　　企业陆续发布的战略规划无不将SUV产品的布局作为重点，这
也直接说明，无论是行业还是企业，对国内SUV市场未来的判断都
依然乐观。在保持乐观的同时，也应看到国内SUV市场的竞争格局、
增长方式正在发生诸多变化，这也是连续实现爆发式增长、细分市场
进入新一轮竞争的标志。那么，未来国内SUV市场将如何继续成长，
又将呈现怎样的特点呢？

一　SUV仍将成为车市增长亮点

　　2015年，国内SUV产销量首次突破600万辆，在轿车全年产销

量同比下滑之时，SUV 以产销同比增长 49.65% 和 52.39% 的绝对优势，拉动了整体乘用车市场的增长。乘用车产销的增长对 SUV 车型的依赖度越来越高，这样的趋势也将在 2016 年持续下去。

中国汽车工业协会的数据显示，2016 年 1~2 月，国内乘用车产销分别完成 355.9 万辆和 361.3 万辆，均同比增长 5.1%，增速分别回落 5.8 个百分点和 3.6 个百分点。其中，从乘用车 4 类车型的产销情况看，SUV 产销继续保持高速增长，2016 年 1~2 月的同比增速分别为 53.1% 和 54.8%。

自主品牌 SUV 的销量也在持续提升。2016 年前两个月，自主品牌轿车销量为 36.2 万辆，同比下降 21.2%，但自主品牌 SUV 销量为 76.3 万辆，同比增长 64.1%，占 SUV 销量的 60%，比 2015 年同期提高 3.4 个百分点，市场占有率持续提升。随着吉利博越、长安 CS15 等自主品牌精品 SUV 的推出，为保持在 SUV 市场上的优势和竞争力，自主品牌车企的转型升级之路已经启程。

从 2016 年开年的态势来判断，2016 年国内 SUV 市场的增速高于乘用车市场增速的可能性仍很大，同时也将继续高于轿车市场的销量增速，依旧是拉动车市增长的亮点。

二 产品密集上市 竞争进入白热化

SUV 车型更加密集地上市，已然成为 2016 年国内 SUV 市场的特征。据粗略统计，2016 年 1~4 月，国内 SUV 市场有 30 余款改款及全新车型陆续上市，参与竞争的产品数量更多（见表1）。

从 2016 年前四个月上市的 SUV 车型看，自主品牌小型 SUV 仍然占据主导地位，这将直接导致小型 SUV 细分市场的竞争态势更加严峻。值得一提的是，长城、长安等自主品牌车企在针对 SUV 市场的布局中采取了"多点战术"，针对不同细分市场推出了多款 SUV 改款

表 1　2016 年 1 ~ 4 月上市的部分 SUV 车型

月份	车型	月份	车型
1 月	北汽绅宝 X55 2016 款奔驰 G 级（进口） 众泰 SR7	3 月	科雷嘉 中华 V3 第二代 2016 款 CS75
2 月	2016 款途观 2016 款吉利豪情 2016 款名爵锐腾 2016 款斯巴鲁 XV（进口） 2016 款 CS35	4 月	Q25 CS15 比亚迪元 XT5 2016 款 AX7
3 月	观致 5 SUV 2016 款哈弗 H9 奔驰 GLE（进口） 奔驰 GLS（进口） 东风悦达起亚 KX5 新款酷威（进口） 2016 款哈弗 H6 2016 款大众 Tiguan（进口） 升级版 CR - V	4 月	北京 BJ80 江淮 iEV6S 哈弗 H7 BX7 CX70 新款 Q3 新款劲炫 森雅 R7

或全新车型，并没有把精力只局限在小型 SUV 一个细分市场上，这样的策略将为其在竞争中争取主动提供有力支撑。

合资品牌方面，在 2016 年前四个月针对 SUV 市场的产品投放并不算高调。上汽大众、一汽 - 大众、东风本田、广汽三菱等合资品牌车企推出了途观、Q3、CR - V、劲炫等改款车型；东风雷诺则抓紧布局，推出了首款国产 SUV 车型科雷嘉。

产品日益丰富，必然带来日趋激烈的市场竞争。其中，由此引发的价格竞争也将更加频繁，下调的力度也将越来越大。

2016 年 3 月，长城汽车在对 2016 款哈弗 H6 完成增配的基础上实施官降，售价比老款车型售价低 8% 左右。长安汽车紧随其后，将

2016 款 CS75 增配的同时降低 10% 的售价。业内人士认为，作为国内 SUV 市场 2015 年的销量冠军，H6 实施官降拉开了 2016 年国内 SUV 市场，尤其是自主品牌小型 SUV 市场价格战的序幕。而从此后陆续上市的多款自主品牌小型 SUV 看，无论是新车型还是改款车型，其定价及性价比确实都具备一定的竞争力。

从竞争格局上看，2016 年紧凑型、小型、中型、中大型 SUV 细分市场呈现不同特点，从而导致整个 SUV 市场竞争格局发生变化。在紧凑型、小型 SUV 细分市场中，产品分布愈加密集，市场对性价比的要求更高，市场容量更加趋于饱和，基于这些特点，目前占 SUV 市场份额最大的紧凑型、小型 SUV 细分市场的增长空间有可能被压缩。自主品牌 SUV 如何在紧凑型、小型 SUV 市场上依旧保持竞争优势？不可否认的是，自主品牌车企除了要面对内部更加激烈的竞争外，还要应对来自合资品牌方面的压力。事实证明，目前合资品牌在紧凑型、小型 SUV 市场推出的多款精品车型的销售业绩均呈现出良好的成长性。

在中型、中大型 SUV 细分市场中，合资品牌一直处于主导地位。参与竞争的产品数量相对较少，因此竞争的激烈程度与紧凑型、小型 SUV 细分市场相比略低，而且从保有量看，未来增长的空间也较大。但对于自主品牌而言，如何在中型、中大型 SUV 细分市场上找准自身定位，从而占据一席之地，则是关键。尽管目前自主品牌车企旗下已经有多款中型、中大型 SUV 产品入市，但实际市场销量并不理想，也就是说，尽管在小型 SUV 细分市场上"风光无限"，但在品牌"向上走"的路上，自主品牌依旧有压力。

同样，由于 SUV 的销量已经成为影响越来越多车企全年整体业绩提升的重要因素，各系别合资品牌之间在 SUV 细分市场上的竞争也必然进入白热化阶段。随着竞争格局的变化和竞争的升级，未来国内 SUV 市场将逐渐告别"皆大欢喜"的局面，而被日益残酷的优胜劣汰所代替。随着竞争的加剧，"任意一辆SUV都能赚钱"的时代将逐渐成为过去式，对于企业而言，依靠SUV实现盈利的技术含量要求将越来越高。那些质量竞争力、品质竞争力、品牌竞争力、价格竞争力不足的产品将被淘汰。对于国内SUV细分市场而言，这种竞争是不可抗拒的，而加速优胜劣汰步伐的根本目的是淘汰落后产能、净化竞争环境、提升产业竞争力。

市 场 篇

Market Reports

B.7
中国小型 SUV 发展现状与前景分析

摘　要： 本报告用大量的数据与图表分析了小型 SUV 在中国市场上的现状和前景。不仅涉及小型 SUV 产品的市场表现和销量，也详尽介绍了车辆的性能和技术特点，如车身结构、发动机参数、变速器、底盘、制动、安全与操纵配置等。对小型 SUV 的发展态势和未来预期进行了研判，不但有整体层面的考量，也有分地区的市场分析。着重探讨了新车型的研发和市场销售情况，对比了自主品牌车型与非自主品牌车型在不同级别城市间的不同表现。

关键词： 小型 SUV　市场表现和销量　前景

一 概述

近年来，SUV 的销量持续增长，小型 SUV 的销量增长最为显著，市场对于小型 SUV 的接受度逐步提升，SUV 的市场也不再仅仅以紧凑型 SUV 为主导。小型 SUV 虽然很难在短时间内达到与紧凑型 SUV 同样的市场占有率，但其在 SUV 市场中的市场占有率一直在增长。图 1 是 2011～2015 年各个 SUV 车型的销量占比，2011 年小型 SUV 的销量占比是 5.2%，是各类型中销量占比最低的，然而其在接下来的几年中逐步增长，在 2015 年达到了 28.6%，仅次于紧凑型 SUV 的销量占比，这可以说是一个质的飞跃。小型 SUV 进入消费者的视野中，成为越来越多消费者的最后选择，而且近年来大幅增长的销量更是代表了小型 SUV 的市场潜力仍有提高空间。

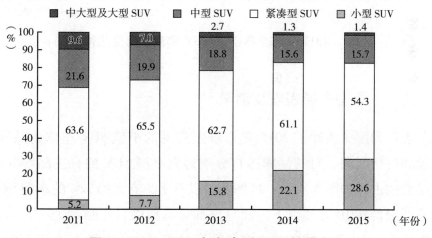

图 1　2011～2015 年各类型 SUV 销量占比

（一）定义

综合市面现有 SUV 车型，结合目前的分类方式，本报告将小型

SUV 定义为车身长度为 3850~4350 毫米、轴距小于 2679 毫米，或至少符合其中一条的 SUV 车型，同时需要参考厂商定位、车型开发平台以及竞品车型。小型 SUV 以其较高的性价比、良好的操控性、通过性、舒适性、经济性以及较强的实用性受到越来越多消费者的重视，成为现在 SUV 市场中不可或缺的一部分。2011~2015 年小型 SUV 销量占比变化情况见图 2。

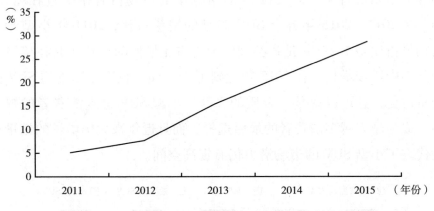

图 2　2011~2015 年小型 SUV 销量占比变化情况

（二）车型市场表现及销量

表 1 和图 3 统计了 2015 年市场上常见的小型 SUV 车型的品牌、销量和价格区间。对其品牌进行分类得到小型 SUV 的自主品牌和合资品牌的占比如图 4 所示。从图 3 可以看出，有大约 3/4 的小型 SUV 的最低报价在 10 万元以下，而且这部分车型以自主品牌为主；而最低报价超过 10 万元的车型大多是合资品牌。自主品牌在价格上面的优势是显而易见的。另外，在小型 SUV 市场中，自主品牌的车型占比达到了 65.6%，合资品牌的车型只占 34.4%，纯进口的车型占比几乎为 0（见图 4）。据统计，2015 年小型 SUV 销量是 178.4 万辆，其中，自主品牌的销量达到了 103 万辆，占据小型 SUV 总销量的

57.7%（见图 5）。总体说来，在小型 SUV 细分市场中，不管是车型的数量，还是销量的占比，自主品牌都领先于合资品牌，在近几年稳步增长的小型 SUV 市场中处于优势地位。

表1　2015 年市场上常见的小型 SUV 车型的品牌、销量及价格区间统计

单位：辆，万元

序号	品牌	车型	销量	价格区间
1	江淮	江淮瑞风 S3	196779	6.58～8.88
2	长安	长安 CS35	169332	7.89～9.89
3	哈弗	哈弗 H2	168517	9.88～12.88
4	本田	本田缤智	126838	12.88～18.98
5	奇瑞	奇瑞瑞虎 3	120357	7.39～9.89
6	本田	本田 XR‐V	118749	12.78～16.28
7	现代	现代 ix25	102755	11.98～18.68
8	别克	别克昂科拉	82013	13.99～18.69
9	中华	中华 V3	75293	6.57～10.27
10	哈弗	哈弗 H1	74571	5.49～8.29
11	雪铁龙	雪铁龙 C3‐XR	66487	10.88～17.18
12	福特	福特翼搏	56465	9.48～12.78
13	雪佛兰	雪佛兰创酷	50736	10.99～16.39
14	标致	标致 2008	49229	9.97～16.37
15	起亚	起亚 KX3	47432	11.28～18.68
16	力帆	力帆 X60	43247	7.45～9.09
17	长城	长城 M4	36270	6.49～7.79
18	铃木	铃木锋驭	30812	9.78～15.28
19	力帆	力帆 X50	29567	5.98～8.28
20	一汽	骏派 D60	29316	6.49～9.99
21	江淮	江淮瑞风 S2	26718	5.88～7.58
22	斯柯达	斯柯达野帝	22981	12.98～24.18
23	北汽幻速	幻速 S2	16653	5.38～7.08
24	中兴	中兴 GX3	12395	6.38～6.98
25	永源	永源 A380	6786	5.99～9.88
26	潍柴英致	英致 G3	6692	5.79～7.99
27	北汽制造	北汽 BJ212	5460	5.46～6.11
28	中兴	中兴 C3	5130	5.88～6.38

续表

序号	品牌	车型	销量	价格区间
29	野马	野马 F16	3068	5.58 ~ 6.98
30	野马	野马 F12	2322	4.98 ~ 6.28
31	众泰	众泰 T200	1186	4.60 ~ 6.30
32	绅宝	绅宝 X25	0	5.58 ~ 7.58

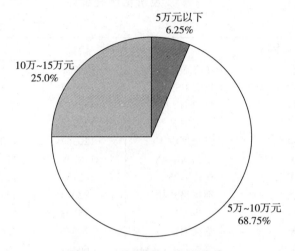

图 3 小型 SUV 价格分布

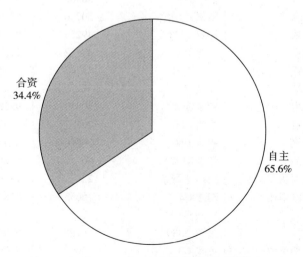

图 4 小型 SUV 自主品牌和合资品牌占比

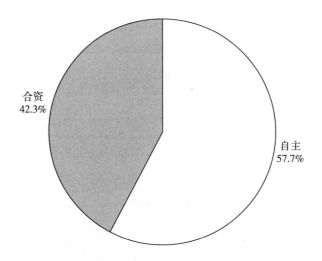

图 5　小型 SUV 自主品牌和合资品牌销量占比

小型 SUV 相比同样级别的轿车，乘坐空间更大，离地间隙也更高，因此具有更好的通过性。与此同时，在拥挤的城市中，更小的尺寸也意味着更为便捷，小型 SUV 可以更加方便地行驶和停靠，这是中大型 SUV 难以做到的。

另外，车辆的经济性也逐渐成为人们选购汽车时候的主要考虑因素。小型 SUV 都是小排量车型，在能够满足大多数道路情况的条件下，拥有比中大型 SUV 更好的经济性无疑更能吸引消费者。

（三）性能及技术特点

小型 SUV 近年来的销量持续增长，各大厂商均对小型 SUV 的研发投入了大量精力，这与小型 SUV 的性能和技术特点与消费者和市场的期望相契合是密不可分的。

1. 车身结构

表 2 把小型、紧凑型、中型以及中大型 SUV 的车身结构进行对比发现，小型 SUV 整车尺寸小，便于在城市中行驶和停放；整备质

量轻，提高了汽车的经济性；与此同时，最小离地间隙与紧凑型
SUV 非常接近，使小型 SUV 的通过性也有一定的保证，既能很好地
满足城市道路的要求，也能较好地适应非城市道路。

表 2　不同类型 SUV 车身结构尺寸对比

项目	小型	紧凑型	中型	中大型
整备质量(千克)	1100～1480	1330～1780	1650～2220	2060～2800
车身长度(毫米)	3850～4350	4300～4750	4400～4850	4750～5150
轴距(毫米)	小于2679	2560～2760	2650～2800	2890～3050
行李箱容积(固定值)(升)	300～350	400～500	500～700	600～800
最小离地间隙(毫米)	140～190	140～210	170～230	180～240

2. 发动机参数

发动机的性能特点与汽车的动力性和经济性的关系尤其相关。
小型 SUV 通常采用 1.4～1.8 升排量发动机。自主品牌以 1.5 升为
主，比如江淮瑞风 S3、中华 V3 等；合资品牌排量 1.8 升的比较常
见，比如本田缤智两款舒适型 SUV 的发动机排量是 1.5 升，其他
五款均为 1.8 升，而号称"缤智姊妹版"的 XR - V 也提供了 1.5
升和 1.8 升的不同车型可选。雪铁龙 C3 - XR 全部车型都是 1.6
升的。

通过将小型 SUV 的排量与紧凑型、中型和中大型 SUV 进行比较
（见表 3）可以看出，小型和紧凑型发动机参数相对接近，而中型和
中大型则更需要大排量的发动机。

发动机的功率和扭矩参数也是衡量一台发动机性能和整车性能的
重要参数，小型 SUV 在最大功率和最大扭矩方面与其他车型有着较
为明显的差距，这与车型的具体定位密切相关。

表 3   不同类型 SUV 发动机参数比较

项目	小型	紧凑型	中型	中大型
排量(升)	1.4~1.8 以 1.5 居多	1.5~2.5 以 1.5 和 1.8 居多	2.0~2.5 以 2.4 居多	2.0~5.7 以 3.0 居多
最大功率(千瓦)	70~100	100~150	120~180	120~220
最大扭矩(牛·米)	130~200	150~320	190~370	250~400

发动机的进气方式可分为自然吸气、机械增压以及涡轮增压三类。小型 SUV 中采用自然吸气进气方式的车型相对更多，一些比较追求动力的车型会采用涡轮增压。为了满足消费者对于动力的追求，一些品牌汽车发动机的进气方式以自然吸气为主，同时推出配备涡轮增压的车型。但总体看来，小型 SUV 更倾向于采用自然吸气的进气方式，而中型及中大型则更多采用涡轮增压的进气方式。

供油方式也是发动机很重要的一个属性，直接关系到发动机的燃烧效率。小型 SUV 中采用多点电喷的车型占据了绝大多数。

不同品牌的发动机也都有自己独特的技术，比如本田的 i-VTEC 技术、长安的 DVVT 技术等，这也是各品牌展现自己实力的一个重要方面。

3. 变速箱

小型 SUV 的变速器多为手动挡，挡位数多为 5~6 挡，也有用 4 挡手自一体的，比如雪铁龙 C3 – XR；还有用无级变速器的本田缤智、奇瑞瑞虎 3。

为了让消费者有更多的选择，大多数车型都会分别推出手动版和自动版，分别配备手动变速器和手自一体变速器。

4. 底盘

小型 SUV 与紧凑型和大多数中型 SUV 一样，都是承载式车身，

这与中大型 SUV 的非承载式车身有着本质上的区别。小型 SUV 的前悬架大多采用麦弗逊式独立悬架，也有少数例外，采用的是双横臂扭杆式独立悬架；后悬架则通常采用扭力梁式后悬架，也有其他的形式，但基本都采用半独立或非独立悬架。

同时，小型 SUV 大都采用前置前驱的驱动形式，小部分采用前置四驱，甚至采用适时四驱，但是相比于紧凑型、中型、中大型广泛采用四驱形式而言，前置前驱还是小型 SUV 的主要驱动形式。

5. 制动

不管是自主品牌还是合资品牌，小型 SUV 的车轮制动的标配是前制动为通风盘式，后制动为盘式居多，少量采用鼓式。在驻车制动方面，几乎所有小型 SUV 都采用传统的手刹，很少配备电子驻车系统。而紧凑型 SUV 部分车型会配备电子驻车系统，中型和中大型 SUV 大多配有电子驻车系统。

6. 安全及操控配置

小型 SUV 的安全气囊标配是主、副驾驶座气囊，部分车型可以配备前后排侧气囊。操控配置方面，小型 SUV 基本都配备 ABS 防抱死系统、制动力分配系统（EBD/CBC 等），但是一些合资品牌除此之外还配备有刹车辅助（EBA/BAS/BA 等）、牵引力控制系统（ASR/TCS/TRC 等）和车身稳定控制系统（ESC/ESP/DSC 等）。

图 6 显示江淮瑞风 S3 以将近 20 万辆的销量独占鳌头，而本田缤智则是非自主品牌中 2015 年度销售量最高者，因此下文就对江淮瑞风 S3 和本田缤智两个典型车型进行阐述。

从表 4 可以发现，瑞风 S3 能够成为 2015 年的小型 SUV 销量冠军，其较低的价格带来的优势功不可没。但是，在这样的价格前提下，瑞风 S3 并没有放弃在技术细节上的追求，它的底盘系统采用前麦弗逊后扭力梁式非独立悬架，让瑞风 S3 在日常使用中操纵性和舒适性都有较为稳定的表现。发动机也采用了 VVT 可变气门正时技

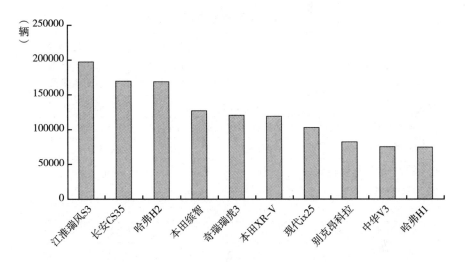

图 6   2015 年小型 SUV 销量前十名

术，根据发动机的运行情况，调整进气（排气）量和气门开合时间、角度，使进入的空气量达到最佳，提高燃烧效率，达到省油的目的。

虽然瑞风 S3 的动力性相关技术仍然不及合资品牌优秀，但是在利用有限的成本做出一款符合大众期待的车这一方面，瑞风 S3 无疑是成功的。

而本田缤智作为小型 SUV 市场中合资品牌的销量冠军，正是凭借其出色的动力、宽裕的空间、时尚的外形在小型 SUV 市场中占得了一席之地。缤智对安全性和实用性予以极大的重视。该车全系标配有 ABS 防抱死系统、制动力分配系统、刹车辅助系统、牵引力控制系统、上坡辅助系统和自动驻车系统。相比自主品牌，缤智在安全性以及实用性方面具有较大的优势，也给驾驶者提供了良好的舒适感和操纵感。除此之外，缤智的轴距也达到了 2610 毫米，在小型 SUV 中车身尺寸也相对较大，给乘客提供了更加优越的乘坐感、更好的空间感，也让出行变得更加方便。

表4 江淮瑞风 S3 与本田缤智参数对比

车型信息		江淮瑞风 S3 2016 款 1.5L 手动舒适型	本田缤智 2015 款 1.5L 手动两驱舒适型
厂商报价		6.58 万元	12.88 万元
发动机	基本参数	1.5L 113 马力 L4	1.5L 131 马力 L4
	配气机构	DOHC	DOHC
	最大马力(Ps)	113	131
	最大功率(kW)	83	96
	最大扭矩(N·m)	146	155
	发动机特有技术	VVT	i-VTEC
	供油方式	多点电喷	直喷
	油耗	6.5L/100km	6.2L/100km
变速器		5 挡手动	6 挡手动
底盘转向	驱动方式	前置前驱	前置前驱
	前悬架类型	麦弗逊式独立悬架	麦弗逊式独立悬架
	后悬架类型	扭力梁式非独立悬架	扭力梁式非独立悬架
	转向助力类型	电动助力	电动助力
车轮制动	前制动器类型	通风盘式	通风盘式
	后制动器类型	鼓式	盘式
	驻车制动类型	手刹	电子驻车
安全装备	主/副驾驶座安全气囊	主√ 副√	主√ 副√
	前/后排侧气囊	—	前√ 后—
	胎压监测装置	—	—
	无钥匙启动/进入系统	—	—
操纵配置	ABS 防抱死	√	√
	制动力分配(EBD/CBC 等)	√	√
	刹车辅助(EBA/BAS/BA 等)	—	√
	牵引力控制(ASR/TCS/TRC 等)	—	√
	上坡辅助	—	√
	自动驻车	—	√

无论是以瑞风 S3 为代表的自主品牌还是以本田缤智为代表的合资品牌，都尽力使发动机和变速箱参数匹配，以期获得更好的输出扭矩和燃油经济性。在底盘方面，前轮采用麦弗逊式独立悬架几乎已经成为标准配置。小型 SUV 的优势在于相比同级别轿车拥有更好的通过性，以及比中大型 SUV 拥有更好的操纵性，这两款车也在这些方面做了很多的工作。在追求良好的经济性的同时，也在试图增大车内空间，使得小型 SUV 也能让消费者获得更大的空间。在安全配置和操纵性配置方面，各厂商也越来越多地运用主动式电子安全配置，甚至推出自己的专利产品。这也说明安全问题成为消费者在选车时候的重要考虑因素。当然，时尚的外观以及精致的内饰也是各大厂商力求突破以期吸引消费者的要点。

二 发展现状与前景预测

（一）总体发展趋势及展望

1. 近年来小型 SUV 发展态势及未来预测

根据粗略统计，从 2011 年至 2015 年的 SUV 市场来看，SUV 的销量整体呈现大幅上升趋势，2012 年相比较 2011 年销量增长 31.3%，2013 年更是同比增长 48.5%，2014 年 23.5% 的同比增幅相比前两年的销量增长率有所下滑，但是 2015 年的同比增幅出现一个较大的飞跃，高达 52.1%。2011～2015 年小型 SUV 销量及 SUV 总销量情况见图 7。

可以看到，SUV 以其较好的路况适应性、宽裕的车内空间、时尚美观的外部造型赢得越来越多消费者的青睐，可以预计在接下来的两年里，SUV 销量上涨的趋势仍然会持续下去。

通过近四年来小型 SUV 每一年的销量同比增幅可以发现，除了

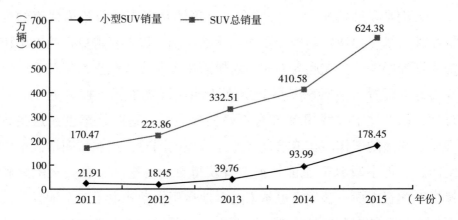

图 7　2011～2015 年小型 SUV 销量及 SUV 总销量

2012 年是负增长以外，2013 年以后都有着约 100% 的同比增幅（见图 8）。按照这个趋势，预计 2016 年小型 SUV 销量的同比增幅至少能够保持在 80% 以上，销量有可能达到 320 万辆。

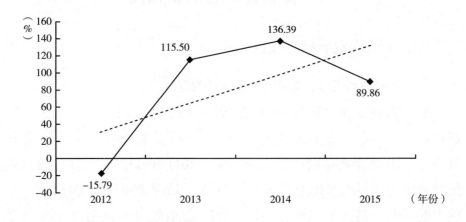

图 8　2012～2015 年小型 SUV 销量的同比增幅

从图 9 可以看出，2011～2013 年小型 SUV 的市场占有率一直徘徊在 10% 左右；但是从 2013 年开始，小型 SUV 越来越受到消费者的青睐，在销量节节攀升的同时，市场占有率也迅速提高，从以前并不算是主流的 SUV 类型一跃成为 SUV 市场中除了紧凑型 SUV 以外销量和市场占有率最高的 SUV 类型，并对紧凑型 SUV 和中大型 SUV 的市场份额产生了挤压（见图9）。

综合以上分析，可以预计，在接下来的两年甚至是更长的时间里，小型 SUV 仍将有较大的增长，可能进一步压缩紧凑型 SUV 和中大型 SUV 的市场份额，甚至有可能让紧凑型 SUV 一家独大的局面不再出现；但是其增速应该会开始放缓，SUV 市场也会更加平衡与合理。无论是各大汽车厂商还是消费者，对于 SUV 的理解也将更加深刻。

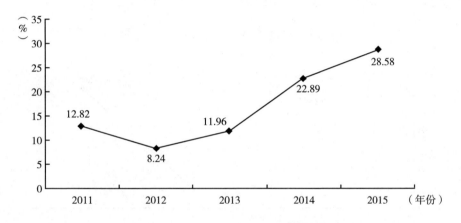

图9　2011～2015年小型 SUV 市场占有率

2. 2015年小型 SUV 市场分析及相关预测

从图10和图11可以看出，2015 年小型 SUV 的销量趋势与 SUV 市场的总体走势基本一致，前三个季度保持基本稳定的态势，第四季度有较大幅度的增长。

根据2015 年的 SUV 市场销量走势可以预测2016 年各季度小型 SUV 市场销售情况如图12 所示。2016 年销量走势与2015 年基本相同，应该会呈现前半年甚至前三个季度都相对平稳，在第四季度会有一个较高走势的现象，但增长幅度相对前几年会有所放缓，为60%～80%。

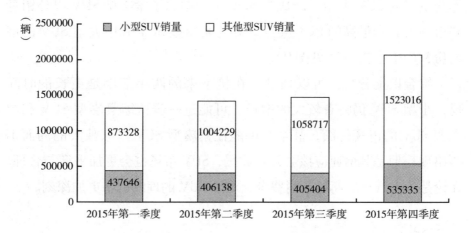

图 10　2015 年 SUV 销量分季度统计

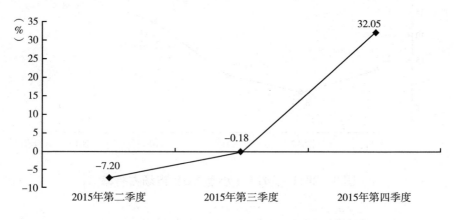

图 11　2015 年各季度小型 SUV 销量环比增幅

（二）地域市场表现

由于我国幅员辽阔，不同区域的地理环境与人文环境差异较大，不同区域消费者的消费特点也不相同，本节将结合小型 SUV 的具体销量探讨小型 SUV 在不同地域的市场表现。

选取 2015 年销量前 20 位的小型 SUV 车型中的 8 款代表车型进

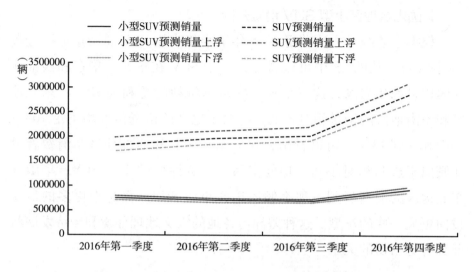

图 12 2016 年 SUV 及小型 SUV 市场销量预测

行分析，其总销量为 108.53 万辆，占小型 SUV 总销量的 60% 以上，覆盖日系、韩系、美系和自主等主要 SUV 生产厂家，车型包括江淮瑞风 S3、长安 CS35、哈弗 H2、本田缤智、奇瑞瑞虎 3、本田 XR - V、现代 ix25、别克昂科拉；将全国分为华北、华东、华南、华中、东北、西部（西北及西南）六大地区，每个地区所选城市如表 5 所示，所选代表城市的销量总和能占到该地区销量的 85% 以上。

表 5 各个地区代表城市

华北	北京、天津、石家庄、保定、太原、唐山、济南、青岛
华东	上海、南京、苏州、杭州、宁波、合肥
华南	广州、厦门、惠州、深圳
华中	长沙、武汉、郑州
东北	哈尔滨、沈阳、长春、大连
西部	西安、重庆、成都、乌鲁木齐

1. 国内各地区小型 SUV 销量分析

根据上述统计方法获得 2015 年下半年小型 SUV 总销量地区分布（见图 13）。从图 13 中可以看出，小型 SUV 在华北、华东和西部地区的销量都相当高，这三个地区的市场份额的总和为 70%；东北地区和华南地区的销量相对较低，这两个地区的市场份额均不足 10%；华中则达到 13%。可以看出，在华东、华北和西部地区，消费者更加倾向于选购相对小巧、功能实用、经济性好的小型 SUV；华南和东北地区的消费者则不那么倾向选择小型 SUV，而是把更多的目光投向更大一些的车型。这种差异与各地的人文地理环境和经济发展状况都有着密切的关系。

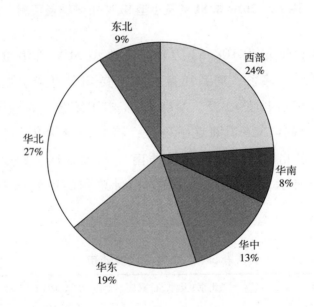

图 13 2015 年下半年小型 SUV 总销量全国各地区分布

2. 自主与非自主品牌小型 SUV 市场

图 6 是关于部分小型 SUV 车型的 2015 年销量统计，在该排名中，国产品牌江淮瑞风 S3 稳居榜首，是最为畅销的小型 SUV 车型，

而长安 CS35 和哈弗 H2 则居第二、第三位，国产品牌包揽前三名，前五名中有 4 个都是国产车型。从市场占有率来看，自主品牌在小型 SUV 市场中已经占据了 58% 的市场份额，并且有逐渐扩大的趋势。可以看出，一些优秀的国产品牌越来越受到消费者的青睐。尤其是在小型 SUV 市场的竞争中，国产品牌已经具备了一定的优势，具有一定的市场竞争力。

（三）不同品牌车型在不同级别城市的分布特点

为了进一步分析企业品牌及其地域和城市级别之间的内在联系，在全国范围内选取了 8 个小型 SUV 销量较高的车企作为代表（见表 6），统计其主打车型在 2015 年全国销量前 50 名的城市，并对这 50 个城市进行城市级别分类，得到各个车型在不同级别城市的购买比例如图 14 所示，从一定程度上反映了不同级别城市的消费者对各大车企生产的小型 SUV 的购买倾向。

表 6　8 个典型企业的车型及其价位分布

单位：万元

企业	车型	价位分布	企业	车型	价位分布
江淮	瑞风 S3	6.58 ~ 8.88	奇瑞	瑞虎 3	7.39 ~ 9.89
长安	CS35	7.89 ~ 9.89	现代	ix25	11.98 ~ 18.68
长城	哈弗 H2	9.88 ~ 12.88	通用	昂科拉	13.99 ~ 18.69
本田	缤智	12.88 ~ 18.98	华晨	中华 V3	6.57 ~ 10.27

作为小型 SUV 销量冠军的江淮瑞风 S3 在各线城市的销量占比相对均匀，在二线中等和三线城市中的占比非常突出，从某种程度上反映了江淮集团非常成功地对目标人群做出了预判，其定价在 6.58 万 ~8.88 万元，以较低的价格达到抢占二线中等和三线城市小型 SUV 市场份额的目的。最后的销售结果也说明这样的策略是相当成

功的。

类似地，另外几个销量靠前的国产品牌长安 CS35、哈弗 H2、奇瑞瑞虎 3 和中华 V3 也都呈现出二线、三线城市销量比例较高，而一线、四线城市比例相对较低的情况，可以看出国产品牌在二线、三线城市是有优势的。

与紧凑型 SUV 的部分自主车型的销量前 50 名城市中没有一线城市的情况有所不同，小型 SUV 自主品牌虽然对于二线、三线城市有所偏重，但在其他各线城市也都有消费者。

与自主品牌在二线、三线城市销售更多的情况有所不同，一些合资品牌如本田缤智、现代 ix25 和别克昂科拉等在一线城市更受欢迎，这跟一线城市的消费者通常有更强的购买力和购买需求有关。较高的定价影响了合资品牌小型 SUV 对其他级别城市消费者的吸引力。

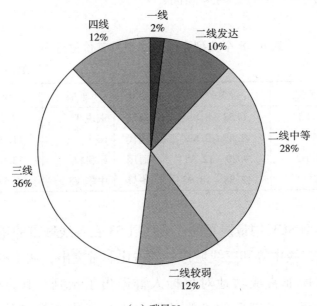

（a）瑞风S3

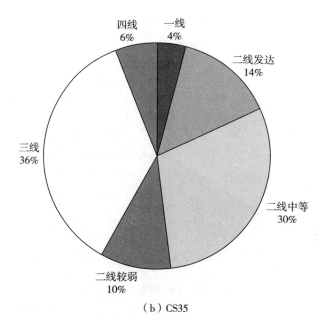

（b）CS35

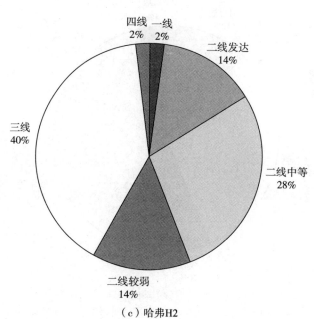

（c）哈弗H2

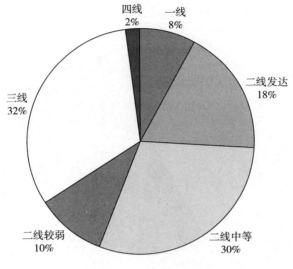

（d）缤智

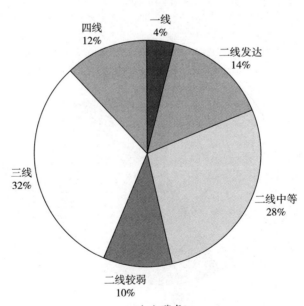

（e）瑞虎3

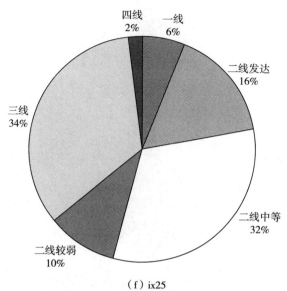

（f）ix25

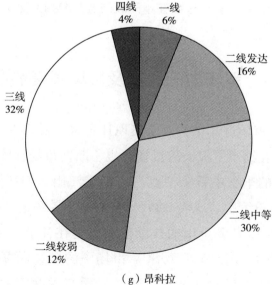

（g）昂科拉

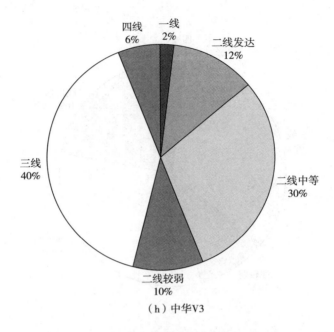

（h）中华V3

图 14　各个车型在不同级别城市的购买比例

三　新车型的研发及市场销售情况

　　小型 SUV 市场近几年的上佳表现让各家厂商都对小型 SUV 新车型的设计和研发给予了极大的重视，也不断向市场投放新车型。2015年，销量靠前的车型中新车型就占了半壁江山，如江淮瑞风 S3、本田 XR‑V、本田缤智、现代 ix25、中华 V3、雪铁龙 C3‑XR 等。

　　图 15 是 2015 年新上市的几款代表车型在各个季度的销量走势。江淮瑞风 S3 作为 2015 年小型 SUV 市场中的销量冠军，第一季度的销量就已经达到了 5.37 万辆，在第二、第三季度短暂下滑后，于第四季度甚至达到了 6.36 万辆的销量，这在小型 SUV 市场中已经是非常出色的表现了。而另一个国产车型中华 V3 与江淮瑞风 S3 有着类似的表现，其在第一季度就达到了较高的销量，第二、第三季度的销

量略有下滑，在第四季度又有所提升。从以上分析可以看出，消费者对于国产品牌的接受度还是很高的，而国产品牌突出的价格优势以及较高的性价比在小型 SUV 市场中还是有着独特的优势的。本田缤智和本田 XR－V 的销量也非常抢眼，缤智的销量更是全年持续攀升，可以看出，随着时间和口碑的积累，消费者对于这一款日系小型SUV 愈加青睐。XR－V 也是几乎全年保持上升趋势，仅仅在第四季度有些许下滑。ix25 的销量就没有那么多的起伏，全年都保持在一个较高的水平。雪铁龙 C3－XR 则和缤智一样，几乎全年保持上升趋势。可以看出，合资品牌仍然在小型 SUV 市场上占有极为重要的地位，随着时间推移和品牌的口碑积累，合资品牌仍然有着较大的上升空间。

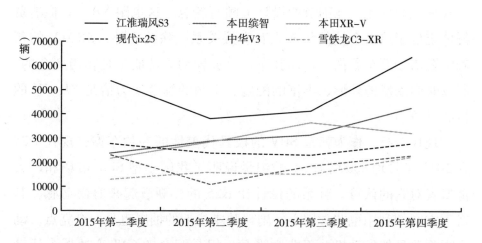

图 15　2015 年典型新车型季度销量走势

为了便于读者进一步了解 2015 年度小型 SUV 新车型，以下将针对几款代表性车型的主要特点做简要描述。

江淮瑞风 S3。作为小型 SUV 的销量冠军，瑞风 S3 在小型 SUV 市场上的表现一直都是非常不错的。作为江淮汽车推出的首款小型SUV，其消费群体主要定位于年轻人，所以这款车在外形上也是下足了功夫。不仅如此，相比同级别其他车，同样的价格下瑞风 S3 提供

了更为丰富的配置，性价比也比较高。总体来说，时尚的整体设计、丰富的配置、出色的空间以及低廉的价格，正是这款车的销量一直居高不下的原因。

本田缤智。作为日系小型 SUV 的代表车型，缤智在中国市场上也受到很多消费者的青睐。缤智在各项测试中都是同级别车中排名靠前的，其综合实力可见一斑。值得一提的是，缤智对于空间的利用相当高，后排乘坐空间相当宽裕，其内饰做工也广受好评，自然吸气发动机＋CVT 变速箱偏向舒适，动力平顺流畅。缤智以其超强的综合实力、细致的内饰做工、具有运动气息的外观受到了很多消费者的喜爱。

本田 XR – V。作为本田缤智的姐妹版车型，XR – V 更加偏向于年轻化与个性化，在细节的设计上颇有新意。这也跟 XR – V 将消费群体定位于追求个性的年轻人有直接关系。除此之外，XR – V 的基础配置诸如倒车影像、自动驻车、上坡辅助等功能也是相当齐全的。所以时尚动感的外形、丰富的配置、平衡的综合实力恰是 XR – V 的核心竞争力。

现代 ix25。作为韩系 SUV 的极具代表性的一款车型，现代 ix25 在 2015 年月均 8000 辆以上的销量说明了我国小型 SUV 市场和广大消费者对它的认可。韩系的设计让 ix25 的外观看起来时尚动感，其对于空间的利用也非常用心，副驾驶座位下的抽屉也是一个亮点。动力方面，虽然发动机并不非常强劲，但是配合的 6AT 变速器，让动力的响应相当灵敏，驾驶感受也很优秀。

中华 V3。这一款车于 2015 年 5 月上市，从上市之后持续月均 10000 辆以上的突出表现可以看出，不管是市场对于这款车的期待，还是消费者对于这款车的接受度都是非常高的。中华 V3 也主打年轻、运动。其外观非常动感时尚，而且它平民化的售价恰好符合它定位年轻消费者的策略。而它 2570 毫米的轴距在小型 SUV 车型中确实算得上是一个很突出的特点了，这也让这款车的空间更加充裕。后门把手隐藏于 C 柱也是颇有新意的。

雪铁龙 C3 – XR。相比其他的小型 SUV 车型，这款车的动力性能是其最大的优势，1.6T 的发动机和 6AT 变速器的配置，再加上出色的调校让雪铁龙 C3 – XR 的动力性能在同级别车型中尤为显眼。同时 2655 毫米的轴距更是让它的乘坐空间和舒适性有了质的提升。这款车在设计上也非常注重实用性，内饰的设计简约而不花哨，让这台车给人的印象更为简约。

综上所述，每一个汽车厂商的每一款车型都有着鲜明的特点，无论是在设计上、外观上还是在动力上，各个方面都根据市场的具体情况做出了精确的判断。这样的车才更加容易赢得消费者的青睐。而随着汽车在中国越来越普及，大多数家庭已经不仅仅是买车就可以，而是买适合自己需求的汽车。汽车厂商只有重视消费者的需求，并且努力提高技术水平，完善设计，才能在激烈的市场竞争中占得先机。

四　2016年度小型 SUV 市场预测

对比其他的车型，小型 SUV 具有性价比高、道路适应性好、方便、使用便捷的特点。自主品牌在小型 SUV 市场中已经成为中坚力量，无论是销量还是市场接受度都有着一定的优势。通过市场细分可以更加直观地了解小型 SUV 的市场定位和市场现状的形成因素。

（1）市场方面。预计 2016 年小型 SUV 的销量仍会继续上升，而且上升幅度仍将相当大，同比增幅很有可能超过 80%，全年销量将达到 320 万辆。自主品牌小型 SUV 的市场份额也会保持在 50% 以上。地域方面，华东、华北和西部地区仍将是小型 SUV 的主要市场所在。而不同品牌和车系之间的市场份额对比将不会发生较大的改变。

（2）新车型方面。预计 2016 年各个企业品牌会针对 2015 年销量较好的车型推出新款，比如江淮瑞风 S3、长安 CS35、哈弗 H2 等。

另外，也会有一些厂商推出全新的小型 SUV 车型，根据每年的车型数增加情况进行分析，新车型可能会达到 10 款以上。

（3）技术方面。总的来说，小型 SUV 运用的技术已经相当成熟，成为较为固定的模式。囿于小型 SUV 的定位以及成本控制，2016 年也不会有太多突破性的技术应用于小型 SUV 上。但是随着各大厂商在成本控制方面做得越来越好，在相同的成本下可以更好地提升细节和品质，可以在更多的车型上采用前后排侧气囊等安全配置技术。而在操控配置方面，也会有越来越多的车型装备刹车辅助系统（EBA/BAS/BA 等）、牵引力控制系统（ASR/TCS/TRC 等）和车身稳定控制系统（ESC/ESP/DSC 等）等操纵配置。

B.8
中国紧凑型 SUV 发展现状与前景分析

摘　要：　本报告用大量的数据与图表分析了紧凑型 SUV 在中国市场上的发展现状和前景。不仅涉及紧凑型 SUV 产品的市场表现和销量，也详尽介绍了车辆的性能和技术特点，如车身结构、发动机参数、变速器、底盘、制动、安全与操纵配置等。对紧凑型 SUV 的发展态势和未来预期进行了研判，不但有整体层面的考量，也有分地区的市场分析。着重探讨了新车型的研发和市场销售情况，对比了自主品牌车型与非自主品牌车型在不同级别城市间的不同表现。

关键词：　紧凑型 SUV　市场表现　销量　前景

一　概述

从前一节的分析论述中可以了解到 SUV 小型化逐渐成为我国目前汽车市场发展的趋势。然而，小型 SUV 很难取代紧凑型 SUV。另外，大多数消费者对中大型 SUV 过高的价位望而却步，因此紧凑型 SUV 仍会是我国 SUV 市场的主流。图 1 具体显示了紧凑型 SUV 2011～2015 年的销量占比走势，从中可以看出紧凑型 SUV 的市场份额虽然有所波动，但始终占据着五成以上的市场份额，是大多数消费者在考虑购买 SUV 时的不二选择。

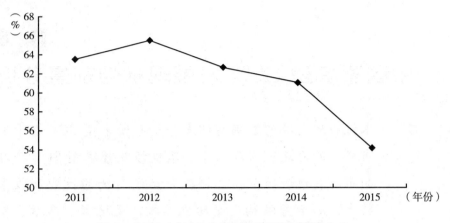

图1　2011～2015年紧凑型SUV销量占比

（一）定义

结合市面现有 SUV 车型，综合目前的分类方式，本文将紧凑型 SUV 定义为车身长度为 4300～4750 毫米，轴距为 2560～2760 毫米，或至少要符合其中一条的 SUV 车型。该类 SUV 车型依靠良好的操控性、通过性、安全性、轿车般的驾乘舒适性以及宽敞的空间，吸引消费者的目光，从而成为 SUV 市场上的绝对主力。

（二）车型市场表现及销量

表 1 统计了 2015 年市场上常见的紧凑型 SUV 车型的品牌、销量和价格区间。以各个车型的最低报价为准，进一步统计可以得到紧凑型 SUV 的价格区间分布如图 2 所示；对其品牌进行分类得到紧凑型 SUV 的自主品牌和合资品牌的占比如图 3 所示。从图 2、图 3 中可以看出，有近六成的紧凑型 SUV 的最低报价在 10 万元以下，且这些车型绝大多数都是自主品牌；价格分布在 10 万～20 万元的车型占到 40% 多，这些车型则大都是合资品牌。紧凑型 SUV 中自主品牌的车型数目占到了 60% 以上，合资品牌的车型数目占比则不到 40%，纯

进口的车型占比几乎为 0。2015 年自主品牌的紧凑型 SUV 销量达到
186.2 万辆，而合资品牌的销量为 152.8 万辆，图 4 显示 2015 年自主
品牌与合资品牌的销量占比，自主品牌紧凑型 SUV 的销量占 54.9%。
总之，无论是车型的丰富度还是销量的占比，自主品牌都领先于合资
品牌，这与中型、中大型及大型 SUV 以合资和进口品牌为主力的市
场表现形成了鲜明对比。

**表 1 2015 年市场上常见的紧凑型 SUV 车型的品牌、销量
及价格区间统计**

单位：辆，万元

	车企	品牌	车型	销量	价格区间
1	长城汽车	哈弗	哈弗 H6	373229	9.38 ~ 16.38
2	上汽大众	大众	大众途观	255751	17.1 ~ 35.98
3	长安汽车	长安	长安 CS75	186623	9.38 ~ 17.38
4	东风日产	日产	日产奇骏	166385	18.18 ~ 26.78
5	北汽银翔	北汽幻速	幻速 S3	164436	5.68 ~ 7.98
6	东风本田	本田	本田 CR – V	156608	15.46 ~ 22.46
7	上汽通用五菱	宝骏	宝骏 560	145007	7.48 ~ 8.78
8	长安福特	福特	福特翼虎	135194	15.18 ~ 23.85
9	广汽乘用车	广汽	广汽传祺 GS4	131016	9.98 ~ 14.70
10	一汽丰田	丰田	丰田 RAV4	116731	15.38 ~ 27.28
11	北京现代	现代	现代 ix35	105872	14.98 ~ 22.28
12	东风悦达起亚	起亚	起亚智跑	81522	10.88 ~ 20.93
13	一汽大众	奥迪	奥迪 Q3	68519	17.24 ~ 28.77
14	奇瑞汽车	奇瑞	奇瑞瑞虎 5	67984	7.99 ~ 15.29
15	东风标致	标致	标致 3008	67501	12.97 ~ 19.32
16	海马汽车	海马	海马 S5	65226	7.8 ~ 12.38
17	东风乘用车	东风风神	东风风神 AX7	64073	10.07 ~ 13.77
18	东风日产	启辰	启辰 T70	63195	7.96 ~ 11.78
19	东风日产	日产	日产逍客	60072	11.38 ~ 17.28
20	吉利汽车	吉利汽车	吉利 GX7	59930	5.99 ~ 11.57

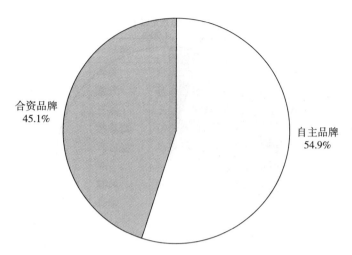

图 4　紧凑型 SUV 2015 年自主品牌与合资品牌销量占比

型 SUV 发展的一个高潮期,而 2014 年与 2015 年的车型数目变化较小,总车型数量分别达到 55 款和 56 款。

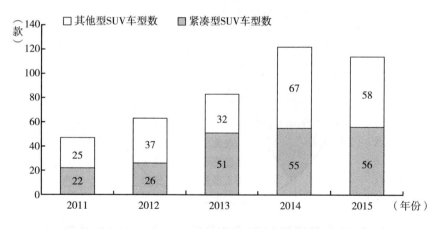

图 5　2011~2015 年紧凑型 SUV 车型数量变化情况

(三)性能及技术特点

紧凑型 SUV 占据着主要的市场份额且处于不可替代的位置,这与其性能和技术特点有密切关系。为了便于读者理解，将从参数配置入手来具体阐述紧凑型 SUV 在性能及技术方面的特点。

1. 车身结构

从表 2 可以发现，紧凑型 SUV 与中型 SUV 的参数范围存在较大的交集，与小型 SUV 却有着明确的界限，这说明紧凑型 SUV 可以较好地发挥多功能运动车的承载功能，可以为驾驶员及乘坐者提供较为宽敞的空间，其行李厢的容积也基本能够满足大多数消费者的需求，这些都与小型 SUV 的小"身板"、大空间有着概念上的差别。

此外，与轿车相比，SUV 所具有的良好的通过性能是大多数消费者非常中意的。最小离地间隙直接反映了 SUV 的通过性能。紧凑型 SUV 的最小离地间隙为 140～210 毫米，大多数为 180 毫米左右，基本能够满足城市道路行驶需求。

2. 发动机参数

发动机性能与整车的动力性、经济性息息相关。根据统计，紧凑型 SUV 的发动机一般都为四缸直列式，排量一般都为 1.5～2.5 升，自主品牌的车型以 1.5 升和 1.8 升居多，如哈弗 H6（2015 款）和长安 CS75（2015 款）的排量分别为 1.5 升和 1.8 升；而合资品牌则以 2.0 升更为常见，如途观 2015 款自动四驱风尚视野版和奇骏 2015 款舒适 MAX 版。当然，由于同一车型不同版的配置高低不同，所以发动机的排量也相应会有变化，如本田 CR－V 的 2015 款四驱风尚版排量为 2.0 升，而两驱豪华版的排量就达到了 2.4 升。

将紧凑型 SUV 的排量与小型、中型、中大型 SUV 相比较可知，紧凑型 SUV 虽然不及小型 SUV 排量小，但总体来讲在 SUV 中仍是排量较小的车型，且与小型 SUV 相比，紧凑型 SUV 的实用性和性价比都较高，油耗相对中型及中大型 SUV 也小很多，因此得到消费者的青睐。

发动机的功率和扭矩是反映发动机动力性能的重要参数。参照中

型轿车的发动机参数（最大功率一般在100千瓦左右，最大扭矩则在180牛·米左右）可以发现，紧凑型SUV与轿车相比拥有更好的动力性能，而小型SUV的最大功率和扭矩参数则与轿车相仿，中型以及中大型SUV则以强劲有力著称，具有更大的功率及扭矩。

发动机的进气方式可分为自然吸气、机械增压以及涡轮增压三类。紧凑型SUV中，采用自然吸气与涡轮增压两种进气方式的车型数目不相上下，在2015年销量前十的紧凑型SUV车型中，采用自然吸气的车型有日产奇骏、幻速S3、本田CR-V、宝骏560和丰田RAV-4，而哈弗H6、大众途观、长安CS75、福特翼虎以及广汽传祺GS4则均采用了涡轮增压进气方式。比较来看，小型SUV更倾向于采用自然吸气的进气方式；中型及中大型SUV则更多采用涡轮增压的进气方式，其中也有少数车型（如奥迪Q7）采用机械增压。

供油方式也是发动机很重要的一个属性，直接关系到发动机的燃烧效率。紧凑型SUV中，大多数的国产车采用的都是多点电喷的供油方式，只有比亚迪宋例外，采用缸内直喷；而合资品牌则大都采用缸内直喷的供油方式。对比其他级别的SUV，小型SUV大都采用多点电喷方式供油，而中型和中大型SUV绝大部分都选择缸内直喷的方式供油。

不同品牌的发动机也采用了各自特有的技术，如哈弗采用的可变气门正时技术、本田采用的i-VTEC技术、北汽采用的DVVT技术、广汽传祺采用的DCVVT技术、丰田采用的VVT-i技术、宝马X1采用的Double-VANOS/Valvetronic技术等，这些发动机特有技术除了改善了发动机的性能外，也是各个品牌的标志。

3. 变速箱

紧凑型SUV的变速器挡位数多为5~6挡，当然一些合资品牌配置较高的车型为了追求更加高效平顺的换挡，选用了挡位数更多的变速器，如日产奇骏（7挡）、奔驰GLA（7挡）、宝马X1（8挡），而日系的车型则更愿意采用无级变速，如日产奇骏 CVT（模拟 7 挡）、本田 CR - V 以及丰田 RAV - 4。对比其他类型的 SUV，可以发现小型 SUV 多采用 4~5 挡变速器，而基本上只在高配置的紧凑型 SUV 上才采用的 7~8 挡变速器在中型及中大型 SUV 上应用得更为普遍。

为了适应不同消费者的驾驶习惯，大多数车型都会设计手动版和自动版，分别配备手动变速器（MT）和手自一体的变速器（AT/CVT/DCT）。

4. 底盘

紧凑型 SUV 与小型和大多数中型 SUV 一样都是承载式车身，这与中大型 SUV 的非承载式车身有着本质上的区别。绝大多数紧凑型 SUV 前后悬架都为独立悬架，且前悬架一般都会采用麦弗逊式，使得调校更具舒适性。对比其他类型 SUV 可以发现，紧凑型 SUV 的悬架与中型及中大型 SUV 并无很大差异，却与小型 SUV 有很大区别，小型 SUV 前悬架采用麦弗逊式的居多，但后悬架大都是半独立悬架或是非独立悬架。

四驱性能是许多消费者在购车时非常关注的一点。紧凑型 SUV 一般每个车型都会有两驱款和四驱款，且两驱款通常配备手动变速器，四驱款配备手自一体变速器。四驱类型有适时四驱和全时四驱，且二者都被广泛采用，中型和中大型 SUV 也是如此，而大多数小型 SUV 则是前置前驱，并不设置四驱功能。

5. 制动

紧凑型 SUV 的车轮制动的标配是前制动为通风盘式，后制动为盘式，当然不乏一些合资品牌的车型前后制动均采用了通风盘式，达到了中型及中大型的标配，比如日产奇骏、宝马 X1 等。在驻车制动上，大多数自主品牌的车型仍采用传统的手刹，而日产的本田 CR - V 和奇骏则采用脚刹；其他合资品牌大都采用电子驻车，比如大众途观、奥迪 Q3 等；当然也有如长安 CS75、比亚迪宋等国产车型采用电

子驻车。对比其他级别的 SUV，小型 SUV 基本全部采用手刹进行驻车制动，而中型及中大型则基本采用电子驻车系统。

6. 安全及操控配置

紧凑型 SUV 的安全气囊标配是主、副驾驶座气囊，大部分车型能够配置前排侧气囊，一些配置较高的合资品牌车型配有前、后排头部气囊，达到了中型与中大型 SUV 的标配。操控配置方面，紧凑型 SUV 均配备了 ABS 防抱死系统、制动力分配系统（EBD/CBC 等），绝大多数车型都配备了刹车辅助（EBA/BAS/BA 等）、牵引力控制系统（ASR/TCS/TRC 等）和车身稳定控制系统（ESC/ESP/DSC 等），一些价位较高的合资品牌车型如大众途观、奥迪 Q3、宝马 X1 和奔驰 GLA 等还采用了上坡辅助、自动驻车、陡坡缓降等技术。

为了让读者更具体地结合车型了解参数配置及性能技术情况，表 2 以 2015 年度紧凑型 SUV 销量最好的自主品牌车型哈弗 H6 和非自主品牌车型大众途观为代表（见图 6），对相关技术参数进行比较。

表 2　哈弗 H6 与途观参数对比

车型信息		哈弗 H6 2015 款升级版 1.5T 手动四驱都市型	途观 2015 款 1.8TSI 自动四驱舒适版
厂商报价		10.78 万元	25.48 万元
发动机	基本参数	1.5T　150 马力　L4	1.8T　160 马力　L4
	配气机构	DOHC	DOHC
	最大马力（Ps）	150	160
	最大功率（kW）	110	118
	最大扭矩（N·m）	210	250
	发动机特有技术	可变正时气门	—
	供油方式	多点电喷	直喷
	油耗	8.8L/100km	8.7L/100km

车型信息		哈弗 H6 2015 款升级版 1.5T 手动四驱都市型	途观 2015 款 1.8TSI 自动四驱舒适版
变速器		6 挡手动	6 挡手自一体
底盘转向	驱动方式	前置四驱	前置四驱
	四驱形式	适时四驱	全时四驱
	前悬架类型	麦弗逊式独立悬架	麦弗逊式独立悬架
	后悬架类型	双横臂式独立悬架	多连杆独立悬架
	转向助力类型	机械液压助力	电动助力
车轮制动	前制动器类型	通风盘式	通风盘式
	后制动器类型	盘式	盘式
	驻车制动类型	手刹	电子驻车
安全装备	主/副驾驶座安全气囊	主√　副√	主√　副√
	前/后排侧气囊	—	前√　后—
	胎压监测装置	—	√
	无钥匙启动/进入系统	√	—
操纵配置	ABS 防抱死	√	√
	制动力分配（EBD/CBC 等）	√	√
	刹车辅助（EBA/BAS/BA 等）	√	√
	牵引力控制（ASR/TCS/TRC 等）	√	√
	上坡辅助	√	√
	自动驻车	—	√

通过上述论述以及对长城哈弗 H6 和大众途观两款车型参数的对比，可以得到无论是自主品牌还是合资进口品牌，在动力传动系统方面都力求通过发动机与变速箱参数匹配来获取尽可能大的输出扭矩与良好的经济性能；在底盘方面，前轮大都采用麦弗逊式独立悬

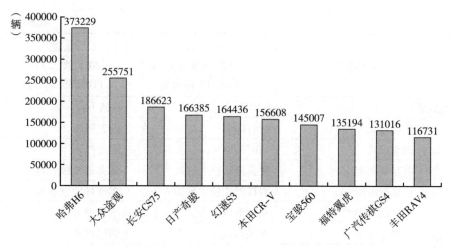

图6　2015 年紧凑型 SUV 销量前十名

架，承载式车身和后轮独立悬架的标准搭配能够为消费者提供舒适的驾车体验；在四驱方面，适时四驱模式兼具全时四驱和分时四驱在越野及操纵上的优点，又弥补了二者在油耗及操作方面的不足，能自行根据驾驶环境的变化控制两驱和四驱两种模式的切换；在安全及操纵配置方面，越来越多的主动式电子安全配置成为标配，很多厂商还推出了自己的专利产品，有效保障了驾驶者和乘客的安全；在外观及内饰方面，精致的设计感和良好的人机工程体验会为整车提升档次，增加亮点。

二　发展现状与前景预测

（一）总体发展趋势及展望

1. 近年来紧凑型 SUV 发展态势及未来预测

综观 2011～2015 年的 SUV 市场，SUV 的总销量整体呈现加速上升趋势，2012 年较 2011 年同比增长 31.3%，2013 年较 2012 年同比增长 48.5%，2014 年的增幅有所下降，但依然保持 23.5% 增长速度，2015 年 SUV 销量出现新高潮，增长率达 52.1%。

SUV 以其出色的越野性能、宽裕的乘坐空间以及稳重大气的外观深得广大消费者的认可，预计未来两年 SUV 销量将依然上涨。

据不完全统计，SUV 市场占有率最大的紧凑型 SUV 在 2011～2015 年销量始终保持稳步增长，从 2011 年的 108.42 万辆攀升至 2015 年的 338.98 万辆（见图 7）。观察这五年来紧凑型 SUV 每一年较前一年销量的同比增幅（见图 8），可以看出增幅整体呈现波动下降的趋势，预计 2016 年较 2015 年紧凑型 SUV 的同比增幅将在 25% 上下浮动，也就是说，2016 年紧凑型 SUV 的销量将有可能突破 420 万辆。

接下来将从市场占有率的角度分析紧凑型 SUV 近几年的发展状况并预测未来的趋势（见图 9）。回顾最近五年来紧凑型 SUV 在 SUV 市场上的占有率，可以发现其稳稳占据了 SUV 市场的半壁江山，尤其是 2011～2014 年，紧凑型 SUV 的市场占有率连续四年达到了六成以上。

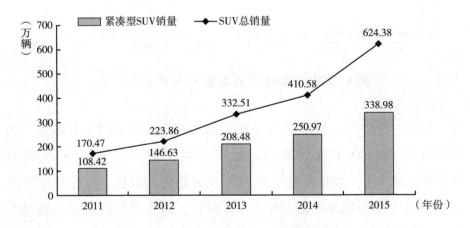

图 7　2011～2015 年紧凑型 SUV 销量及 SUV 总销量

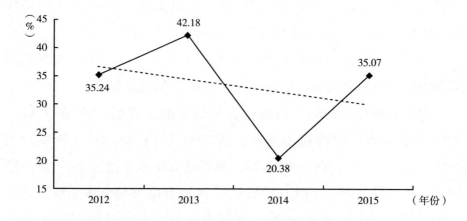

图 8 2012~2015 年紧凑型 SUV 销量的同比增幅

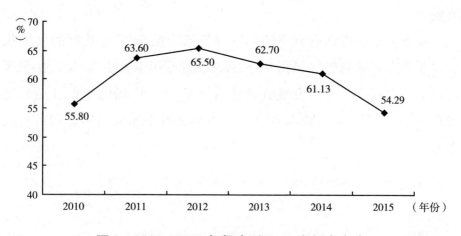

图 9 2010~2015 年紧凑型 SUV 市场占有率

2010~2012 年,紧凑型 SUV 的市场占有率呈现减慢上升趋势,到 2012 年市场占有率达到峰值,此后开始下降,到 2015 年下降至 54.3%。结合上一篇报告对小型 SUV 发展趋势的分析,可以看出紧凑型 SUV 在最近三四年市场占有率有所降低,这主要归因于以小型 SUV 为首的其他 SUV 车型的蓬勃发展,它们开始占据较高的市场份额。

综合以上分析,预计在未来的 2~3 年甚至更长一段时间内,紧凑型 SUV 仍将有较好的发展，并依然是 SUV 最大的细分市场，但随着各个汽车生产商对 SUV 消费市场的进一步了解以及对新车型的不断研发，紧凑型 SUV 一家独大的格局将会改变，SUV 市场将逐渐呈现各个车型均衡稳健发展的态势。

2. 2015年紧凑型 SUV 市场分析及相关预测

相比近年来 SUV 的市场分析，2015 年的市场分析对未来一两年的 SUV 市场预测更具有参考价值。图 10 为 2015 年各季度的 SUV 销量，从中可以看出紧凑型 SUV 销量均占据 SUV 市场总销量的50% 以上。据粗略统计，第一、第二季度的紧凑型 SUV 销量分别为 66.97 万辆和 73.78 万辆，其他 SUV 车型分别为 64.13 万辆和 67.26 万辆；但是 2015 年下半年，紧凑型 SUV 销量大幅度增长，分别在第三、第四季度达到 81.36 万辆和 116.87 万辆，分别超出其他车型25.1% 和31.4%。

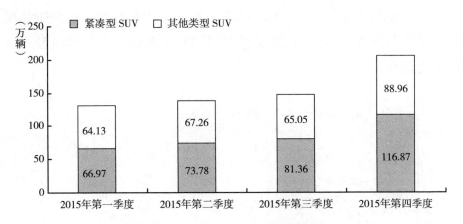

图 10　2015 年 SUV 销量统计

紧凑型 SUV 在 2015 年第二、第三、第四季度的销量环比增幅分别为 10.17%、10.27% 和 43.65%（见图 11），可以看出前三季度的销量增长较为稳定，而第四季度则是紧凑型 SUV 的销售旺季。

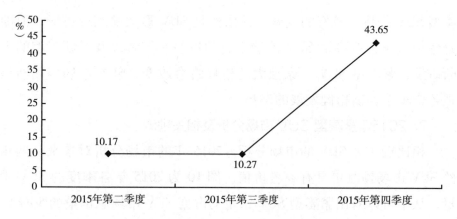

图 11　2015 年紧凑型 SUV 销量各季度环比增幅

　　图 12 显示了 2015 年 1～12 月紧凑型 SUV 销量和 SUV 总销量的趋势走向。从中可以看出，2015 年紧凑型 SUV 的销量趋势与 SUV 市场的总体走势基本一致，整体呈"W"形；上半年紧凑型 SUV 销量平稳，月销量基本维持在 23 万～25 万辆；从 7 月开始，销量持续增长，从 7 月的 22 万辆一直增长到 12 月的 45 万辆，创下紧凑型 SUV 的销量新高。

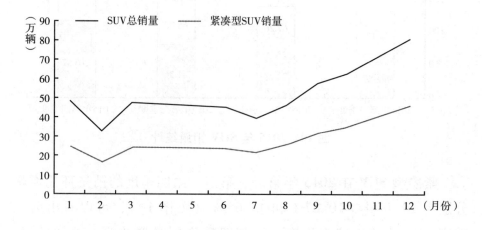

图 12　2015 年 1～12 月紧凑型 SUV 销量及 SUV 总销量走势

根据 2015 年的 SUV 市场销量走势，可以预测 2016 年各月 SUV 市场销售情况如图 13 所示。2016 年 SUV 市场销量走势与 2015 年基本相同，呈"W"形。与 2015 年相比，销量增长幅度在 25% 左右，增速相对前几年有所放缓。月份间销量差距较大，其中，年初、年底月份销量走势较高，其他月份销量相对平稳，2 月销量仍然为全年最低值。预测在 2016 年上半年，紧凑型 SUV 的市场销量将在 30 万辆上下波动；下半年的销量整体上升，且增速明显。

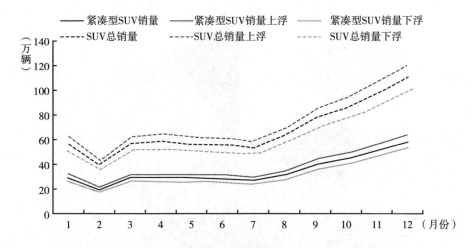

图 13　2016 年 SUV 总体及紧凑型 SUV 市场销量预测

（二）地域分布情况

鉴于我国地域辽阔，不同地域的地理环境差异较大，适合的车型也有所不同，本小节将从地域分布角度入手，探讨紧凑型 SUV 在不同地域的销量情况，并结合车系、品牌等因素进行分析。

选取 2015 年下半年销量前 20 位 SUV 车型中的 11 款代表车型进行分析，11 款车型的总销量为 23.47 万辆，覆盖中国、德国、日

本、韩国、美国等主要汽车品牌的 SUV，车型包括哈弗 H6、传祺
GS4、长安 CS75、丰田 RAV4、本田 CRV、东风日产逍客、福特翼
虎、现代 ix35、途观、宝马 X1、奥迪 Q3；将全国分为华北、华东、
华南、华中、东北、西部（西北及西南）六大地区，每个地区所选
城市如报告 6 表 5 所示，所选代表城市的销量能占到所在地区的
85% 以上，因此数据具有一定的代表性。

1. 国内各地区紧凑型 SUV 销量分析

2015 年下半年紧凑型 SUV 总销量地区分布大致如图 14 所示。

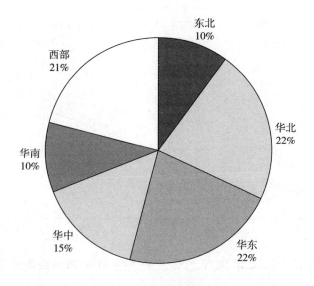

**图 14　2015 年下半年紧凑型 SUV 总销量
全国地区分布**

由图 14 可知，紧凑型 SUV 在华东、华北和西部地区的销量较
高，均达到全国总销量的 20% 以上，其总和约占全国总销量的 65%，
而华南、东北地区销量较低，均约占全国总销量的 10%。华中地区
销量占比则达到了 15%。可见，在华东、华北和西部地区，消费者
更倾向于选择空间适中、油耗低于大型 SUV 但又具有一定运动性能

的紧凑型 SUV；而华南、华中及东北地区的消费者，相对于其他地区的消费者，更倾向于选择其他车型。这与各地区的经济发展状况、地理条件以及消费者的生活水平、用车需求有较大关系。

2. 自主与非自主品牌紧凑型 SUV 市场及地域分析

图 15 为选取的紧凑型 SUV 主要车型的销量统计，在该排名中，国产品牌哈弗 H6 销量位居紧凑型 SUV 销量榜首，长安旗下的 CS75 以及传祺 GS4 分别位列第四名和第六名。从该排名可以看出，我国消费者对于优秀的国产紧凑型 SUV 具有较高的认可度，也反映出国产品牌在这一车型中具有较强的市场竞争力。

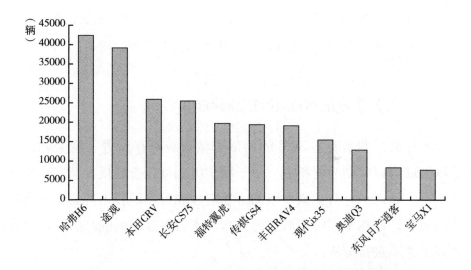

图 15   2015 年下半年紧凑型 SUV 主要车型销量

进一步分析自主品牌与非自主品牌在国内各地域的分布，如图 16 所示。可以看出，各地域市场中，华北、华中及西部地区对国产自主品牌紧凑型 SUV 接受程度较高，三个地区自主品牌紧凑型 SUV 的市场份额为 40%～50%，而华东、华南、东北地区的消费者则更倾向于选择合资或者进口品牌的紧凑型 SUV。

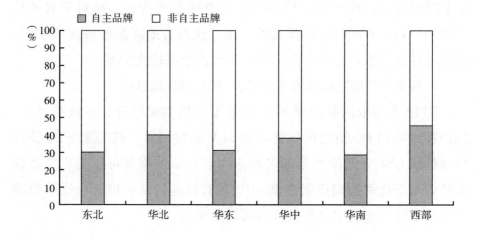

图 16　自主品牌与非自主品牌紧凑型 SUV 在各地区所占比例

注：上述数据仅就选定的城市进行统计得出，不代表全国水平。

（三）各企业品牌在不同级别城市的分布

不同品牌的紧凑型 SUV 的销量与城市级别存在着一定关联，但这种关联可以归结为弱相关。由于城市级别可以直观反映消费者的消费水平，所以车企对某款车型的市场定位和对于消费人群的划分会直接关系到产品在不同级别城市的分布。本节将对不同的品牌与消费者之间的关系进行分析。

为了进一步分析企业品牌及其地域和城市级别之间的内在联系，本小节在全国范围内选取了 10 个紧凑型 SUV 销量较好的车企作为代表（见表 3），统计其主打车型在 2015 年全国销量前 50 名的城市，并对这 50 个城市进行城市级别分类，得到各个车型在不同级别城市的购买比例如图 17 所示，从一定程度上反映了不同级别城市的消费者对各大车企生产的紧凑型 SUV 的购买偏好。

表3 10 个典型企业的车型及其价位分布

单位：万元

企业	车型	价位分布	企业	车型	价位分布
长城	哈弗 H6	9.38 ~ 16.38	奇瑞	瑞虎 5	7.99 ~ 15.29
长安	CS75	9.38 ~ 17.38	海马（郑州）	海马 S5	7.8 ~ 12.38
东风	奇骏	18.18 ~ 26.78	北汽	幻速 S3	5.68 ~ 7.98
现代	ix35	14.98 ~ 22.28	广汽	传祺 GS4	9.98 ~ 14.7
丰田	RAV4	15.38 ~ 27.28	上海大众	途观	17.1 ~ 35.98

全年销售量冠军长城哈弗 H6 在全国各级别城市所占份额相对均匀，这从一定程度上反映了全国各级别城市的消费者对该车型的认可。从另一个侧面来看，长城集团对我国消费者的心理定位把握得十分准确，营销策略近乎完美。哈弗 H6 的价格区间为 9.38 万 ~ 16.38 万元，为各个级别城市的受众提供了较大的选择范围，因此无论是在一级城市还是四级城市，哈弗 H6 的销量都非常可观。

奇瑞的瑞虎 5、长安的 CS75 与广汽的传祺 GS4 虽然总体销量不及长城的哈弗 H6，但在全国各级别城市的销量也比较可观，体现出了自主品牌紧凑型 SUV 在国内 SUV 市场上的优势。

北汽的幻速 S3 和海马（郑州）的海马 S5 的销量前 50 名城市中均没有一线城市入围，却都在二线、三线及四线城市大卖，这与其价格的定位有着直接关系，可见两个企业的紧凑型 SUV 主打车型的定价与二、三线和四线城市消费者的消费水平更接近。

一汽丰田的 RAV4、北京现代的 ix35 以及东风日产的奇骏在全国各级别城市中销量分布比较均匀，且均以二线中等和三线城市的表现更为突出。这从一定程度上说明这几家合资企业在全国范围内都受到一定比例消费者的认可，因而能够常年稳定地占据着一定比例的市场份额。

对比其他企业的车型，上汽途观在一线城市的销售比例达到

10%，明显高于其他车型，但其在四线城市却销售惨淡，这种分布态势与城市的发达程度密切相关，上汽的主打车型途观作为上述车型中标价最高的紧凑型 SUV，更适合一、二线城市。

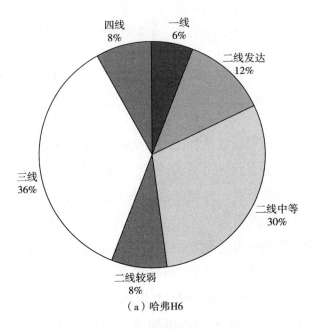

（a）哈弗H6

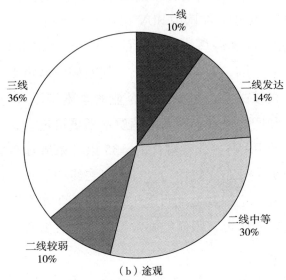

（b）途观

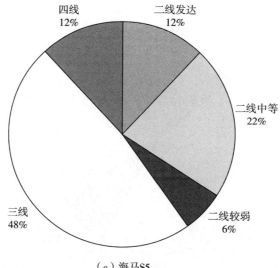

（c）海马S5

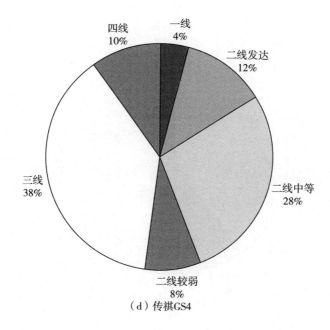

（d）传祺GS4

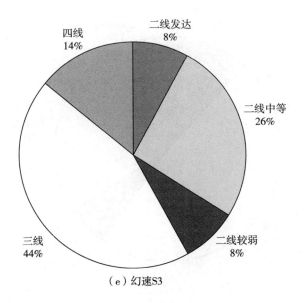

（e）幻速S3

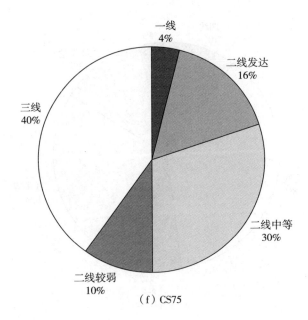

（f）CS75

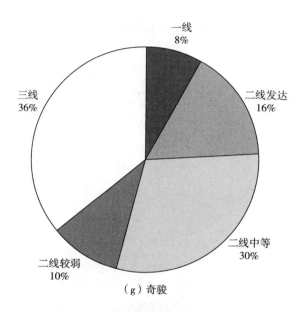

（g）奇骏

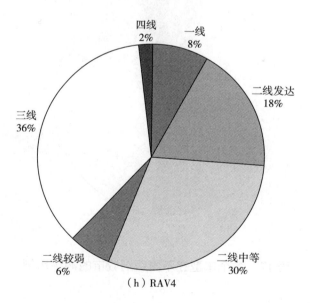

（h）RAV4

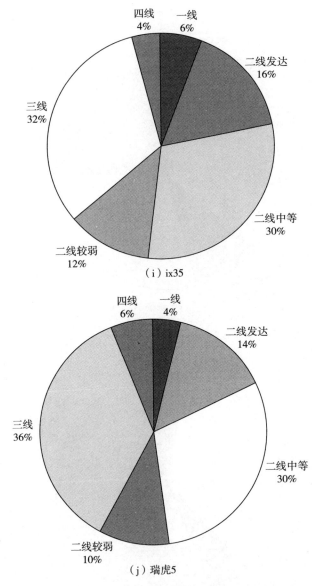

（i）ix35

（j）瑞虎5

图17　各个车型在不同级别城市的购买比例

（四）各企业品牌的市场占有率

表4显示了2015年度销量前十名的紧凑型SUV在整个紧凑型

SUV 市场中所占份额。图 18 将表 4 中的数据汇总，得到仅销量前十名的车型就占据了 54% 的市场份额。根据表 1 的统计，2015 年市面上的紧凑型 SUV 大概有 50 余种车型，由此足以看出少数一些极具实力的企业品牌占据了主要的市场份额，而其他大多数企业品牌在市场竞争中处于被动地位。

表 4   2015 年紧凑型 SUV 销量前十名的市场份额

单位：辆，%

车型	销量	占比
哈弗 H6	373229	11.010
大众途观	255751	7.545
长安 CS75	186623	5.505
日产奇骏	166385	4.908
幻速 S3	164436	4.851
本田 CR – V	156608	4.620
宝骏 560	145007	4.278
福特翼虎	135194	3.988
广汽传祺 GS4	131016	3.865
丰田 RAV4	116731	3.444

图 19 从另一角度反映了上述问题。根据 2015 年市面上紧凑型 SUV 销量情况的不完全统计，各品牌车型平均销量为 62775 辆，超过平均值的品牌车型除了表 4 中销量前十名的车型以外还有现代 ix35、起亚智跑、奥迪 Q3、奇瑞瑞虎 5、标致 3008、海马 S5、东风风神 AX7、启辰 T70 8 款车型。图 20 详细地显示了销量在平均值以上的 18 款车型占紧凑型 SUV 总销量的比例，发现这 18 款车型的销量已经占据了紧凑型 SUV 七成以上的市场份额，远远超出了其他 36 款车型

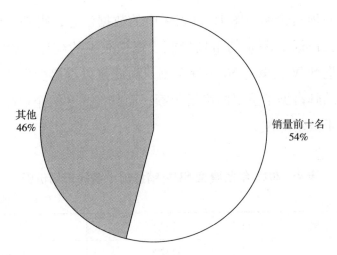

图 18 销量前十名的紧凑型 SUV 市场份额

的销量。可见，紧凑型 SUV 的销量主要靠销量排名前 20 的品牌支撑。这种市场份额的巨大差距反映出，纵使当今紧凑型 SUV 市场上群英荟萃，也难免几家大型车企占据主要地位，市场竞争的激烈程度可见一斑。

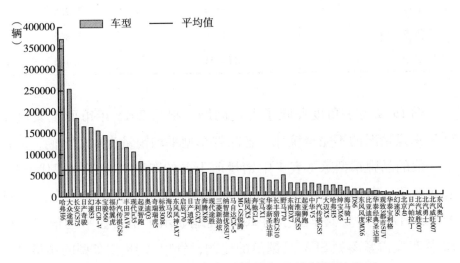

图 19 2015 年各品牌车型销量与平均销量的关系

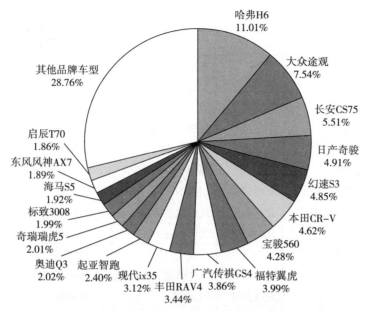

图 20 2015 年度紧凑型 SUV 各个品牌车型的销量占比

三 新车型的研发及市场销售情况

紧凑型 SUV 的持续热销不断促使各车企在设计上花心思，竞相研发新车型。表 5 列出了 2004 ~ 2015 年的紧凑型 SUV 新款车型及其对应上市年份的销量。

表 5 紧凑型 SUV 新款车型及上市年份销量统计

单位：辆

序号	车企	品牌	车型	上市年份销量	上市年份
1	上汽通用五菱	宝骏	宝骏 560	145007	2015
2	广汽乘用车	广汽	广汽传祺 GS4	131016	2015
3	奇瑞汽车	奇瑞	奇瑞瑞虎 5	67984	2015
4	东风日产	启辰	启辰 T70	63195	2015
5	川汽野马	野马	野马 T70	47572	2015
6	上海汽车	MG	MG GS 锐腾	43678	2015
7	长丰汽车	长丰	长丰猎豹 CS10	36625	2015

续表

序号	车企	品牌	车型	上市年份销量	上市年份
8	东南汽车	东南	东南 DX7	29844	2015
9	众泰汽车	众泰	大迈 X5	23921	2015
10	北京汽车	绅宝	绅宝 X65	22403	2015
11	郑州日产	东风风度	东风风度 MX6	14226	2015
12	比亚迪汽车	比亚迪	比亚迪宋	13769	2015
13	观致汽车	观致	观致 3 都市 SUV	7617	2015
14	北汽银翔	北汽幻速	幻速 S6	5883	2015
15	北京汽车制造厂	北汽制造	北汽域胜 007	1141	2015
16	北京汽车	北汽威旺	北汽威旺 007	419	2015
1	长安汽车	长安	长安 CS75	186623	2014
2	东风日产	日产	日产奇骏	166385	2014
3	北汽银翔	北汽幻速	幻速 S3	164436	2014
4	海马汽车	海马	海马 S5	65226	2014
5	东风乘用车	东风风神	东风风神 AX7	64073	2014
6	吉利汽车	吉利汽车	吉利 GX7	59930	2014
7	广汽三菱	三菱	三菱新劲炫	50781	2014
8	东风裕隆	纳智捷	纳智捷优 6 SUV	47888	2014
9	北京奔驰	奔驰	奔驰 GLA	42662	2014
10	华泰汽车	华泰	华泰新圣达菲	36636	2014
11	华晨汽车	中华	中华 V5	28505	2014
12	长安标致雪铁龙	DS	DS 6	15203	2014
1	长城汽车	哈弗	哈弗 H6	373229	2013
2	上汽大众	大众	大众途观	255751	2013
3	长安福特	福特	福特翼虎	135194	2013
4	一汽丰田	丰田	丰田 RAV4	116731	2013
5	一汽大众	奥迪	奥迪 Q3	68519	2013
6	东风标致	标致	标致 3008	67501	2013
7	一汽轿车	奔腾	奔腾 X80	54600	2013
8	长安马自达	马自达	马自达 CX－5	45110	2013
9	陆风汽车	陆风	陆风 X5	42867	2013
10	江淮汽车	江淮	江淮瑞风 S5	29570	2013

序号	车企	品牌	车型	上市年份销量	上市年份
11	华泰汽车	华泰	华泰经典圣达菲	9019	2013
12	华泰汽车	华泰	华泰宝利格	6341	2013
13	北京汽车	北京汽车	北京 40	3849	2013
14	北京汽车制造厂	北汽制造	北汽勇士	440	2013
15	郑州日产	东风	东风奥丁	95	2013
1	东风本田	本田	本田 CR－V	156608	2012
2	广汽乘用车	广汽	广汽传祺 GS5	26327	2012
1	北京现代	现代	现代 ix35	105872	2010
2	东风悦达起亚	起亚	起亚智跑	81522	2010
3	华晨宝马	宝马	宝马 X1	41200	2010
4	长城汽车	哈弗	哈弗 H5	23212	2010
5	海马汽车	海马	海马骑士	18757	2010
1	东风日产	日产	日产逍客	60072	2008
2	东风悦达起亚	起亚	起亚狮跑	29461	2007
3	北京现代	现代	现代途胜	53592	2005
4	郑州日产	日产	日产帕拉丁	1756	2004

　　表 5 统计出的近年来新车型款数变化如图 21 所示。由图可见，从 2013 年到 2015 年，每年都会有 15 款左右的紧凑型 SUV 面市。结合现有的车企厂商，不难发现几乎每个品牌都会在新的一年里推出一款新型紧凑型 SUV 作为主打，以投入激烈的市场竞争中。

　　下面将详细剖析 2015 年度新车型的市场销售情况。图 22 显示，2015 年 16 款紧凑型 SUV 新款车型的销量能够占到紧凑型 SUV 总销量的 19%。参照表 5 和图 20 可以看出，16 款新车型中，宝骏 560 和广汽传祺 GS4 分别以年度销量第七名和第九名进入 2015 年紧凑型 SUV 销量前十名。同样从图 19 中可以发现，2015 年的新款 SUV 中，宝骏 560、广汽传祺 GS4、奇瑞瑞虎 5 以及启辰 T70 的年销量都超过

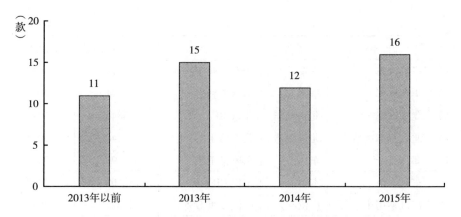

图 21　紧凑型 SUV 新车型款数变化趋势

了紧凑型 SUV 的年度平均销量，刚一面市便得到了广大消费者的关
注与肯定，占据了一定的市场份额。

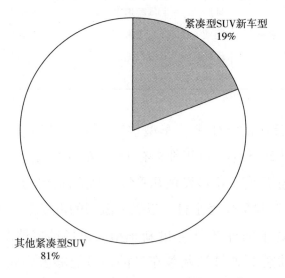

图 22　2015 年新车型销量占比

　　下面将选取 2015 年新上市的几款代表车型，结合其在各个季度
的销量走势进行分析（见图23）。

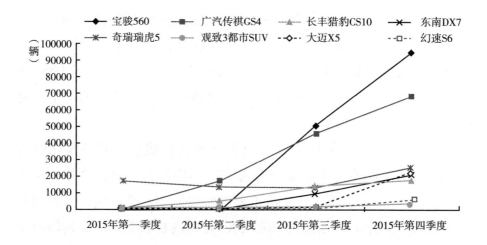

图 23　2015 年典型新车型季度销量走势

宝骏 560 自上市伊始，就取得了傲人的成绩，开始销售的第一个季度销量达到 50514 辆，第四季度的销量上涨了 87.7%，可见消费者对其有很高的接受度。排名第二的广汽传祺 GS4，在第二季度开始发售，销量达到 17174 辆，第三、第四季度呈直线上升趋势，涨幅分别达 164.1% 和 51%，第四季度销量仅次于宝骏 560。

其他车型的销量相对于之前的两款车型，均有不同程度的降低，但总体均呈现上涨的趋势。瑞虎 5 在前三季度销量基本持平，在第四季度销量翻倍；观致 3 全年销量基本持平；大迈 X5 虽在开始销售的第一个季度内销量不大，但在第四季度涨幅惊人，达到 1368.56%；其他车型也取得了不错的销售成绩。

通过分析可以发现，各车企在自己的产品设计上体现出了独特的理念，且随着消费者对新品的深入了解，真正适合市场的产品一定能得到很高的关注度，并获得较好的销售成绩。

为了便于读者进一步了解 2015 年的紧凑型 SUV 新车型，以下将针对几款代表性车型的主要特点做简要描述。

东南 DX7。作为东南企业探索 SUV 市场的排头兵，DX7 被寄予

厚望。从整车风格来看，这款车型更加注重迎合年轻消费者的口味，将时尚与力量完美结合，彻底摆脱了之前含蓄内敛的保守风格，是一个比较大的飞跃。特别值得关注的是该车的宽度，达到1900毫米，在紧凑型SUV中近乎达到极致。这或许是其受欢迎的一个主要因素。

陆风X7。作为紧凑型SUV市场上的新晋成员，其外观比较抢眼，整体视觉效果应该是细分市场中较具特色的。除此之外，陆风X7配备了8AT变速箱，该变速箱来自盛瑞传动，这是国内首款拥有自主知识产权的8AT变速箱。陆风X7是国内首款尝试该变速箱的车型，具有开创性意义。

猎豹CS10。作为专注于硬朗派SUV制造的车企，长丰集团凭借军工背景和扎实的底盘技术，其产品在质量和技术上均过硬。该车作为进军都市SUV领域的主力，拥有着很好的外观设计，多处采用了时下流行的城市SUV设计元素；在内饰设计上追求科技与时尚并举的手法；在空间上，CS10凭借车身尺寸的优势营造了不错的驾乘环境。家用车能够拥有如此空间已经非常优秀了。

宝骏560。最值得关注的是该车的尺寸，长、宽、高分别为4620毫米、1820毫米、1750毫米。其拥有同级别最长轴距2750毫米，接近紧凑型SUV轴距的极限尺寸，也因此带来了最优的腿部空间，其空间舒适度不言而喻。

大迈X5。众泰集团的首款都市紧凑型SUV，该车造型时尚，配置了全景天窗的人性化设计，油耗低，动力比较强劲。该公司引进的全新生产线，使该车作为一款国产车已经能够达到合资车的水准。

综观这些车型的主要特点不难发现，每款新车均有自己的典型特点和优势，这与车企敏锐的市场洞察力和市场分析能力是密不可分的。同时也从侧面表明，随着生活水平的提高，人们对代步工具的要求也越来越高。随着新款车型的不断涌现，人们的选择越来越多，市场竞争也因此越来越激烈。车企只有走理性、亲民的发展道路，树立良好的品牌形象，才能长久地发展下去。

四　2016年度紧凑型 SUV 市场预测

相比其他的车型，紧凑型 SUV 具有以下特点：性价比高，空间足够满足大多数消费者的日常用车需求，自主品牌在紧凑型 SUV 市场中具有主要优势等。通过市场分析可以更直观地了解到该车型的市场定位及其市场现状，也可以从侧面看出市场需求以及消费者喜好。这对于我国未来汽车的发展具有指导意义，也方便对 2016 年紧凑型 SUV 的市场进行预测。

（1）市场方面。预计 2016 年紧凑型 SUV 的销量将继续上升，能够达到 420 万辆左右，但上升幅度较前几年有所下降，销量增长趋势越来越趋于平缓。自主品牌仍然会是 2016 年紧凑型 SUV 市场的主力，占据五成左右的市场份额，几家销量较好的品牌依然会在 2016年保持良好的销售态势，但随着 2015 年一些新上市的车型渐渐得到消费者的认可以及 2016 年一些其他新车型的介入，其所占据份额会有所下降。华东、华北及西部地区仍然会是紧凑型 SUV 销量较好的地区，不同企业品牌车型在不同级别城市中的销售情况也基本与 2015 年一致。

（2）新车型方面。预计 2016 年各个企业品牌会将 2015 年卖得好的车型继续推出 2016 新款，如哈弗 H6、大众途观等，与此同时也会陆续推出新车型，根据新车型的变化趋势，推测 2016 年紧凑型 SUV将有 10～15 款新车型面市。

（3）技术方面。整体来看，紧凑型 SUV 所采用的技术已经较为成熟，2016 年基本不会有开创性的新技术出现并应用到新车型中，

但各个企业品牌都会更注重细节和整车品质的提升，力求在较低的成本下将各种先进技术整合、应用到新车型中，比如自动驻车系统、倒车影像、GPS 导航系统、蓝牙/车载电话、内外后视镜自动防眩目、并线辅助、全景摄像头、自动泊车入位、发动机启停技术等。这些技术的采用会为消费者提供更舒适的驾车体验。

B.9
中国中型 SUV 发展现状与前景分析

摘　要： 本报告用大量的数据与图表分析了中型 SUV 在中国市场的发展现状和前景。不仅涉及中型 SUV 产品的市场表现和销量，也详尽介绍了车辆的性能和技术特点，如车身结构、发动机参数、变速器、底盘、制动、安全与操纵配置等。对中型 SUV 的发展态势和未来预期进行了研判，不但有整体层面的考量，也有分地区的市场分析。着重探讨了新车型的研发和市场销售情况，对比了自主品牌车型与非自主品牌车型在不同级别城市间的不同表现。

关键词： 中型 SUV　市场表现和销量　前景

一　概述

相比小型 SUV 高歌猛进的发展势头，以及紧凑型 SUV 市场的火爆，我国中型 SUV 市场一直处于不温不火的状态，市场占有率一直在两成左右。一方面，受制于中型 SUV 的价格，普通老百姓很难承受动辄二三十万元的购车费用以及后续相关的养护费用；另一方面，各大车企在 SUV 市场的战略部署也是倾向于小型、紧凑型 SUV 市场，中型 SUV 可供消费者选择的余地也并不大。因此，中型 SUV 市场并不像紧凑型 SUV 市场一样呈现百花齐放的景象，合资品牌车型

仍处于主导地位。图 1 具体显示了中型 SUV 2011～2015 年的销量占比走势，从中可以看出中型 SUV 的市场份额逐年下降。这是由于新兴的小型 SUV 市场发展迅猛，紧凑型 SUV 市场依旧保持旺盛的活力。今后一段时期，中型 SUV 的市场份额仍将保持这个趋势，但随着人们生活水平的提高，中型 SUV 将凭借自身出众的空间尺寸和安全性能获得大众的青睐，迎来销售量的回升。

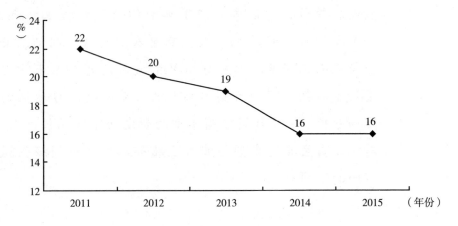

图 1　2011～2015 年中型 SUV 销量占比

（一）定义

结合市面现有的 SUV 车型，综合目前的分类方式，本报告将中型 SUV 定义为车身长度为 4400～4850 毫米，轴距为 2650～2800 毫米，或至少要符合其中一点的 SUV 车型。该车型具有乘坐空间大、安全性能卓越、通过性能强、动力性能出众的特点，成为追求车辆实用性和安全性的消费者的不错选择。

（二）车型市场表现及销量

表 1 统计了 2015 年市场上常见的中型 SUV 车型的品牌、销量和

价格区间。以各个车型的最低报价为准，进一步统计可以得到中型
SUV 的价格分布区间如图 2 所示。从图中看出，中型 SUV 的价格大多
超过 15 万元，15 万元以下的中型 SUV 仅占四成，而且几乎都是自主
品牌，由此可见，中型 SUV 市场更多面向收入水平较高的消费者。
进一步对车型品牌进行分类得到中型 SUV 自主品牌与合资品牌车型
的数量占比如图 3 所示，同时通过统计各车型销量得到中型 SUV 自
主品牌与合资品牌销量占比如图 4 所示。通过分析图表不难发现，自
主品牌的车型丰富度与合资品牌的差距并不大（自主品牌车型数量
占 45%，合资品牌车型数量占 55%），然而中型 SUV 的市场份额却
大多集中在合资品牌上（自主品牌市场份额为 33%，合资品牌市场
份额为 67%），这反映了国内消费者对于自主品牌中型 SUV 的认同
度不高。自主品牌在开拓中型 SUV 市场时，应当更加关注消费者的
意见，提高自身技术水平，着重在薄弱环节加大研发力度，努力提高
品牌认同度，这样才能在中型 SUV 市场中占据有利的竞争位置。

**表 1　2015 年市场上常见的中型 SUV 车型的品牌、销量
及价格区间统计**

单位：辆，万元

序号	车企	从属品牌	车型	销量	价格区间
1	上海通用别克	别克	昂科威	162941	21.99～34.99
2	众泰汽车	众泰	众泰 T600	126121	7.98～13.58
3	一汽大众	奥迪	奥迪 Q5	114000	35.85～57.17
4	比亚迪汽车	比亚迪	比亚迪 S7	110074	10.69～13.99
5	广汽丰田	丰田	汉兰达	75205	23.98～42.28
6	长安福特	福特	锐界	65152	24.98～42.98
7	北京奔驰	奔驰	奔驰 GLK	62345	37.80～55.80
8	沃尔沃亚太	沃尔沃	沃尔沃 XC60	34245	36.69～53.99
9	上汽通用雪佛兰	雪佛兰	科帕奇	32357	17.99～20.99
10	北京现代	现代	全新胜达	27342	20.98～28.98
11	一汽丰田	丰田	普拉多	21260	36.98～62.53

续表

序号	车企	从属品牌	车型	销量	价格区间
12	比亚迪汽车	比亚迪	唐	17652	25.13～51.88
13	比亚迪汽车	比亚迪	比亚迪 S6	17472	7.99～12.39
14	江铃汽车	江铃	驭胜	17400	11.58～18.88
15	东风日产	日产	楼兰	12233	23.88～37.98
16	广汽菲亚特克莱斯勒	Jeep	自由光	8005	20.98～31.58
17	长城汽车	哈弗	哈弗 H8	7926	18.88～25.68
18	东风英菲尼迪	英菲尼迪	英菲尼迪 QX50	7159	34.98～44.98
19	广汽三菱	三菱	帕杰罗劲畅	5087	20.88～30.88
20	江铃汽车	福特	撼路者	4950	26.58～36.08
21	一汽马自达	马自达	马自达 CX-7	4223	19.98～27.38
22	猎豹汽车	猎豹	猎豹 Q6	3559	11.99～17.98
23	猎豹汽车	猎豹	黑金刚	3345	10.98～17.98
24	东风裕隆	纳智捷	纳智捷大 7 SUV	3135	20.98～27.98
25	上海荣威	荣威	荣威 W5	1710	14.28～22.18
26	华泰汽车	华泰	特拉卡	1418	10.57～11.77
27	广汽吉奥	吉奥	奥轩 GX5	800	13.38～15.18
28	福田汽车	福田	萨瓦纳	209	12.58～16.78
29	北京汽车制造厂	北汽制造	陆霸	30	14.28～17.28
30	猎豹汽车	猎豹汽车	猎豹 CS6	3	14.68～19.78
31	广汽三菱	三菱	帕杰罗	1	25.80～35.86

消费者选择中型 SUV 的主要原因在于其较大的空间、良好的越野性能以及出众的安全性能。与小型 SUV 和紧凑型 SUV 相比，中型 SUV 更适用于城市交通以及日常行驶，更适合作为家庭旅行用车。随着自驾游在国内的流行，以及社会收入水平的提高，中型 SUV 市场将在未来迎来不俗的发展。

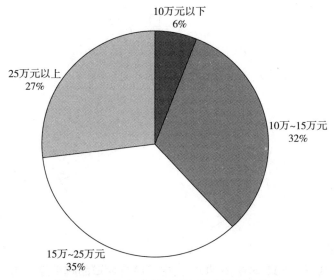

图2　2015 年中型 SUV 价格区间分布

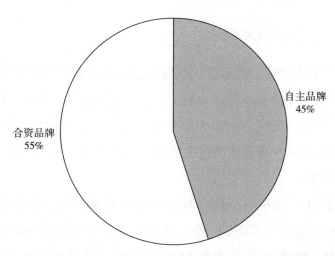

图3　2015 年中型 SUV 自主品牌及合资品牌车型数目占比

我国人口众多，每个家庭的成员多，以往的大型轿车或者紧凑型 SUV 越来越难满足一大家人的使用需求，而中型 SUV 在空间尺寸上则较为符合我国消费者的需求，同时中型 SUV 车型的稳重大气也深得国内消费者青睐。

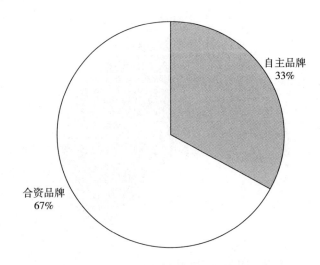

图 4　2015 年中型 SUV 自主品牌与合资品牌销量占比

（三）性能及技术特点

中型 SUV 以其鲜明的定位、卓越的性能吸引了不少的消费者，占据了相对稳定的市场份额。其宽大的空间、坚实的底盘、强劲的动力输出、稳重大气的整体特质成为中型 SUV 的主要标签。为了便于读者理解，下文将从参数配置入手来具体阐述中型 SUV 在性能及技术方面的特点。

1. 车身结构

将中型 SUV 的车身结构参数与小型、紧凑型以及中大型 SUV 进行比较，可以发现中型 SUV 的车身尺寸堪比中大型轿车。整体乘坐空间比小型、紧凑型 SUV 大出 38% 和 10%，可以为驾驶员及乘坐者提供更为宽裕的空间。行李厢的容积与小型、紧凑型 SUV 相比也是增加不少，加上放倒后排座椅增加的行李厢容积，完全可以满足人们外出游玩和日常生活所需。空间尺寸的差异有效地扩大了中型 SUV 的适用范围，不同于小型、紧凑型 SUV 更多面向城市生活与日常行车的需求，中型 SUV 可以满足更为复杂的使用要求。

2. 发动机参数

发动机性能与整车的动力性、经济性息息相关。根据统计，中型 SUV 的发动机一般都为直列四缸式，而一些合资进口品牌也会采用 V6（如英菲尼迪 QX50），甚至直列五缸发动机（如沃尔沃 XC60），以求更加强劲的动力性能。中型 SUV 整体排量一般都为 2.0 ~ 2.5 升（少量涡轮增压发动机排量小于 2.0 升，如别克昂科威），自主品牌的车型以 2.0 升居多；而合资品牌则以 2.4 升及以上更为常见。当然，由于同一车型不同版的配置高低不同，所以发动机的排量也会相应变化，如福特锐界的四驱尊锐型 SUV 就有 2.0T 和 2.7T 两个版本。

将中型 SUV 的排量与小型、紧凑型以及中大型 SUV 相比较，中型 SUV 的动力性能属于中上水平，个别车型的动力性能甚至超过中大型 SUV，参照中型轿车的发动机参数（最大功率一般在 100 千瓦左右，最大扭矩则在 180 牛·米左右），其输出功率与扭矩的表现也十分出众，符合中型 SUV 对于动力性能的定位，动力储备足以应对复杂的城市及越野工况。

中型 SUV 中，更多的车型采用了增压发动机。在 2015 年销量前十的中型 SUV 车型中，只有雪佛兰科帕奇采用的是自然吸气发动机，而且排量也达到了 2.4 升，这样的发动机配置主要是为了提升中型 SUV 的动力性能，同时增压发动机的运用也使得车辆整体的燃油经济性得以改善，体现了环保节能的理念。相比较而言，级别较低的小型和紧凑型 SUV 车型中，自然吸气发动机的运用则更为广泛一些。

供油方式也是发动机很重要的一个属性，直接关系到发动机的燃烧效率。中型 SUV 中，大多数的国产车采用的都是多点电喷的供油方式，而合资品牌则大都采用缸内直喷的供油方式。一方面，由于自主品牌对缸内直喷技术的掌握还不成熟；另一方面，相关零部件厂商

生产的核心部件难以满足缸内直喷的使用条件，这制约了国内直喷技术的发展。采用缸内直喷技术可以进一步提高燃油使用效率，提高燃油燃烧质量，在提升动力输出的同时减少排放，一举两得。

3. 变速箱

中型 SUV 车型多采用 6~7 挡手自一体变速箱，这种经典的变速箱可以提供高效平顺的换挡体验，换挡效率更高。而一些追求更好换挡体验的中型 SUV 也会搭载双离合自动变速器（DCT，如众泰 T600），双离合变速器的引入使得动力输出在衔接上更为自然，换挡顿挫感降低，驾驶乐趣更为丰富。此外，有的车型也会采用多速比变速箱代替传统的手自一体变速箱，如 Jeep 自由光就搭载了一款 9 速手自一体变速箱，速比的增加使车辆的动力性能得以改善，同时经济性也会得以提高，因此多速比变速箱的使用将会是未来传动系统的发展趋势。

为了适应不同消费者的驾驶习惯，一些车型也会搭载手动变速器，搭载手动变速箱的车型价格更为低廉，同样得到了不少消费者的青睐。

相较于小型和紧凑型 SUV，中型 SUV 为了实现其强劲的动力，更倾向于选用多挡位的变速箱，这也符合中型 SUV 追求动力性的特点。

4. 底盘

大多数中型 SUV 采用的都是承载式车身，这与中大型 SUV 的非承载式车身有着本质上的区别。绝大多数中型 SUV 的前后悬架都为独立悬架，且前悬架一般会采用麦弗逊式，对比其他类型 SUV 可以发现，中型 SUV 悬架的配置与中大型 SUV 并无很大差异，却与小型 SUV 有很大区别。小型 SUV 前悬架同样采用麦弗逊式居多，但后悬架大都是半独立悬架或是非独立悬架。在悬架的调校上，中型 SUV 由于更适用于城市道路以外的使用环境，悬架调校更为硬朗，可以在面对复杂工况时表现得更加从容，这与小型、紧凑型 SUV 偏向舒适性的调校是有着本质区别的。

四驱性能同样也是许多消费者在购车时非常关注的一点。中型 SUV 大多有四驱款型供消费者选择，此外有些还会通过电控系统控制四驱系统，以应对不同的工况。如 Jeep 自由光提供了雪地模式、越野模式、运动模式等多种设置，方便驾驶员在不同工况下做出不同的选择。

5. 制动

中型 SUV 的制动盘大多采用前后通风盘式，由于车轮直径的增加以及动力性能的提高，为了缓解制动热衰减现象对于制动性能的影响，中型 SUV 采用通风盘式的制动器，可以有效地改善制动性能。此外，在驻车制动方面，定位更为高端的中型 SUV 大多采用了电子驻车系统，而小型、紧凑型 SUV 更多的是采用手刹进行驻车制动。

6. 安全及操控配置

除了基本的安全及操控设置，中型 SUV 在高科技配置上与低级别 SUV 相比更胜一筹。诸如并线辅助、自主制动、发动机启停技术等电子辅助驾驶系统的引入，使得中型 SUV 在品质上有了一个不小的飞跃，不仅行驶安全性得以提高，燃油经济性也因此得到改善。可以说在中型 SUV 市场中，消费者可以体验到别样的用车感受。

7. 实例分析

不同车型采用的技术存在较大差别，为了让读者更具体地结合车型了解参数配置及性能技术情况，本报告将以 2015 年中型 SUV 销量最高的自主品牌和非自主品牌为代表，对相关技术进行简要分析。

图 5 显示了 2015 年中型 SUV 市场销量前十名的情况，上海通用别克的昂科威作为合资品牌的中型 SUV 以 162941 辆的年度总销量领跑 2015 年度中型 SUV 市场；而自主品牌中的众泰 T600 则以 126121

辆的年度总销量成为国内自主品牌中型 SUV 的销量冠军，并在整个中型 SUV 市场中获得销量亚军。因此下文将对别克昂科威和众泰 T600 两个典型车型进行重点阐述。

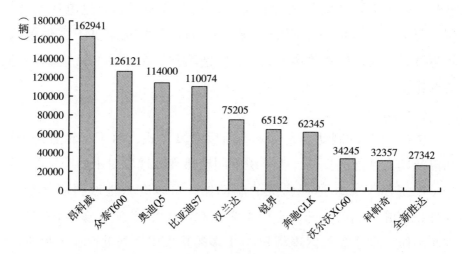

图 5　2015 年中型 SUV 销量前十名

表 2 简单对比了两个车型的主要参数和配置。从中可以发现，中型 SUV 具有空间尺寸出众、动力性能卓越、安全性能可靠的特点。

在空间尺寸方面两款典型车型基本相同，而昂科威可以放倒后排座椅使行李厢容积在 422～1550 升的范围内调整，在实用性方面略胜一筹。

动力总成部分，两款典型车型均是由 2.0T 发动机搭配 6 速自动变速器的经典配置，作为自主品牌的众泰 T600 更是搭载了一款 DCT 双离合变速箱，在换挡平顺性上有所提高。动力方面，昂科威的发动机能够输出 260 匹马力，最大扭矩更是达到了 353N·m/5500rpm，搭配适时四驱的技术，在应对复杂路况时可以提供更加充沛的动力，同时在油耗方面也进行了优化。集聚动力性与经济性，也是昂科威吸引消费者的主要原因之一。

表 2　别克昂科威与众泰 T600 参数对比

车型信息		昂科威 2016 款 28T 四驱全能运动旗舰型	众泰 T600 2015 款 2.0T 自动旗舰型
厂商报价		34.99 万元	13.55 万元
发动机	基本参数	2.0T 260 马力 L4	2.0T 190 马力 L4
	最高车速(km/h)	210	185
	官方 0~100km/h 加速(s)	8.4	9.53
	工信部综合油耗(L/100km)	8.8	9.2
	配气机构	DOHC	SOHC
	最大马力(Ps)	260	190
	最大功率(kW)	191	140
	最大功率转速(rpm)	5500	5500
	最大扭矩(N·m)	353	250
	最大扭矩转速(rpm)	2000~5300	2400~4400
	供油方式	直喷	多点电喷
空间尺寸	长×宽×高(mm)	4667×1839×1696	4631×1893×1694
	行李厢容积(L)	422~1550	344
传动系统	变速器	6 挡手自一体	6 挡双离合
底盘转向	驱动方式	前置四驱	前置前驱
	四驱形式	适时四驱	—
	前悬架类型	麦弗逊式独立悬架	麦弗逊式独立悬架
	后悬架类型	多连杆独立悬架	多连杆独立悬架
	助力类型	电动助力	机械液压助力
车轮制动	前制动器类型	通风盘式	通风盘式
	后制动器类型	盘式	盘式
	驻车制动类型	电子驻车	电子驻车
安全装备	主/副驾驶座安全气囊	主√　副√	主√　副√
	前/后排侧气囊	前√　后—	前√　后—
	前/后排头部气囊(气帘)	前√　后√	前√　后√
	胎压监测装置	√	√
	无钥匙启动系统	√	√
	无钥匙进入系统	√	√

续表

车型信息		昂科威 2016 款 28T 四驱全能运动旗舰型	众泰 T600 2015 款 2.0T 自动旗舰型
操纵配置	ABS 防抱死	√	√
	制动力分配（EBD/CBC等）	√	√
	刹车辅助（EBA/BAS/BA等）	√	√
	牵引力控制（ASR/TCS/TRC 等）	√	√
	车身稳定控制（ESC/ESP/DSC 等）	√	√
	上坡辅助	√	√
	自动驻车	—	√
	陡坡缓降	√	—
	可变悬架	软硬调节	
	后桥限滑差速器/差速锁	限滑差速器	—
高科技配置	自动泊车入位	√	—
	发动机启停技术	√	—
	并线辅助	√	○（可选装）
	车道偏离预警系统	√	—
	主动刹车/主动安全系统	√	—
	自适应巡航	√	—
	全景摄像头	—	√

　　安全性能方面，合资品牌往往受到国内消费者的认可，这与合资品牌丰厚的技术积淀和品牌效应密不可分。然而近年来自主品牌在提升自身竞争力的同时，也大力发展了相关技术，可以看到两款典型车型在安全配置方面几乎相同。不过安全性能的提升还需要依靠车企不断的实验调试以及生产制造技术的发展才能实现。

　　至于高科技配置，相对于自主品牌，合资品牌更是下了一番功夫。同为顶配车型，合资品牌昂科威配备了自动泊车入位、自动启停、并线辅助、主动制动、车道偏离监控、自适应巡航等配置，这使得车辆整体档次提升不少。基于价格等元素的制约，自主品牌众泰 T600 在这方面的配置就显得有些不足。考虑到中型 SUV 市场的消费者大多收入水平较高，自主品牌在争夺中型 SUV 市场份额的时候，可以适当调整定位，做出一些定位较高、配置多样的车型，可以更好地迎合中型 SUV 市场消费者的需求。

综上所述，中型 SUV 车型发展的方向应该是在保证足够空间尺寸的同时，提升整车的动力性能以及安全性能。自主品牌在开拓中型 SUV 市场时，应当紧握价格上的优势，开发更多档次较高、稳重大气的车型，这样才能在中型 SUV 市场的竞争中争取到更多的市场份额。

二 发展现状与前景预测

（一）总体发展趋势及展望

1. 近年来中型 SUV 发展态势及未来预测

据粗略统计，综观 2011～2015 年的 SUV 市场（见图 6），SUV 的总销量整体呈现加速上升趋势，2012 年较 2011 年销量同比增长 31.3%，2013 年较 2012 年同比增长 48.5%，2014 年的增幅有所下降，但依然保持 23.5% 的增长速度。2015 年 SUV 销量出现新高潮，增长率达 52.1%。

据不完全统计，2011～2015 年，中型 SUV 的市场发展有条不紊，销量始终保持稳步增长，从 2011 年的 36.82 万辆攀升至 2015 年的 98.03 万辆，五年内销量增长了 166%。

同时，观察这五年来中型 SUV 每一年较前一年销量的同比增

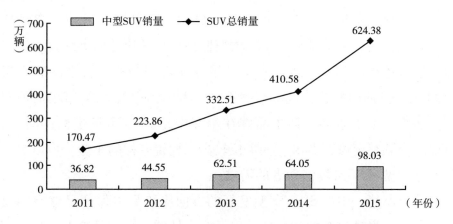

图6　2011～2015 年中型 SUV 销量及 SUV 总销量

幅可以看出，增幅整体呈现波动上升的趋势（见图7）。随着国内经济的发展和人均收入水平的提高，今后中型 SUV 市场仍将按照这个走势发展。预计 2016 年中型 SUV 的同比增幅将在 30% 上下浮动，也就是说，2016 年紧凑型 SUV 的销量将有可能突破 127万辆。

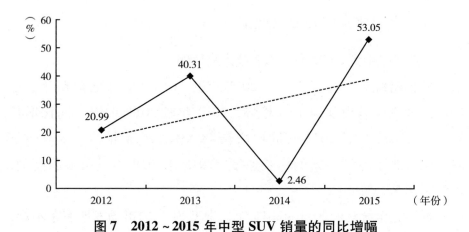

图7　2012～2015 年中型 SUV 销量的同比增幅

如图8 所示，回顾近五年来中型 SUV 在 SUV 总销量中的占比情况，可以看到中型 SUV 在 SUV 整体市场中的占比一直不高，保持在

18% 左右，近年来受到小型 SUV 市场的挤压，总体占比有所下降。2010 年以来，中型 SUV 的市场份额就在不断下降，2014 年有了触底调整的迹象，2014～2015 年市场份额基本维持不变。由于近年来小型 SUV 市场的不断发展，越来越多的小型 SUV 进入了消费者的视野，而紧凑型 SUV 市场方面更是日渐成熟，自主品牌与合资品牌竞争激烈，经典车型层出不穷，进一步挤压了中型 SUV 车型的市场份额。

综合以上分析，未来几年内，随着小型 SUV 市场的发展以及紧凑型 SUV 市场的成熟，中型 SUV 的销量占比仍将缓步下调；但在经济发展的大势下，车企在 SUV 市场的重心将逐渐向中型、中大型 SUV 市场倾斜，预计 2017 年之后中型 SUV 的销量占比将触底反弹，迎来一波增长。

图 8　2010～2015 年中型 SUV 市场占有率

2. 2015 年中型 SUV 市场分析及相关预测

图 9 为 2015 年各季度中型 SUV 销量占比，从中可以看出，中型 SUV 各季度销量占 SUV 市场总销量的 15% 左右。据粗略统计，中型 SUV 在前三个季度销量平平，分别为 16.94 万辆、22.52 万辆、21.45 万辆。而随着第四季度 SUV 市场整体销售量的上涨，中型

SUV 的销量达到了 34.08 万辆，环比增幅达到 58.88%（见图 10、图 11）。

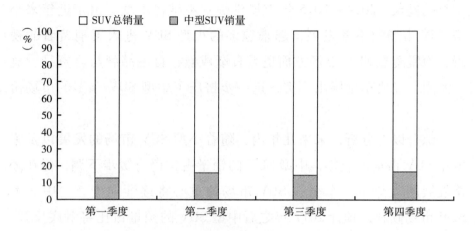

图 9　2015 年各季度中型 SUV 市场占比

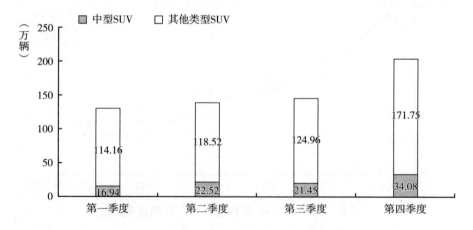

图 10　2015 年各季度中型 SUV 销量统计

通过图 11 可以看到，中型 SUV 的销量在年中产生了不小的波动，第三季度甚至出现了负增长，而第四季度作为 SUV 整体市场的销售旺季，加上不少新款中型 SUV 车型面世，中型 SUV 的销量增幅达到近 60%。

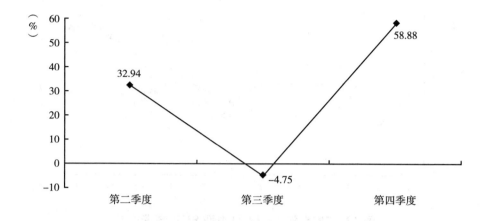

图 11 2015 年各季度中型 SUV 销量环比增幅

图 12 与图 13 具体显示了 2015 年 1 ~ 12 月中型 SUV 销量和 SUV 总销量的趋势走向。从中可以看出，2015 年中型 SUV 的销量趋势与 SUV 市场的总体走势基本一致，整体呈"W"形，上半年销量相对平稳，中型 SUV 月销量基本维持在 4 万 ~ 6 万辆。4 月中型 SUV 进入销售旺季，第二季度的表现好于市场水平。而在经历 7 月的销售低谷之后，中型 SUV 的销量随着 SUV 总销量一同持续增长，从 7 月的 6 万辆一直增长到 12 月的 13 万辆，销量增长 1 倍有余。

根据 2015 年的 SUV 市场销量走势，可以预测 2016 年各月 SUV 市场的销售情况。2016 年销量走势与 2015 年基本相同，仍将呈"W"形。销量与 2015 年相比，增长幅度在 25% 左右，增速相对前几年有所放缓。月份间销量差距较大。其中年初以及年底月份销量走势较高，其他月份销量相对平稳，2 月销量仍然为全年销量最低值。预测在 2016 年，中型 SUV 的市场销量增幅将达到 30% 左右，上半年销量将在 6.5 万辆左右波动；下半年的销量整体上升，且增速明显。

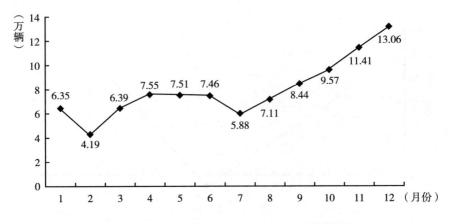

图 12　2015 年 1～12 月中型 SUV 销量走势

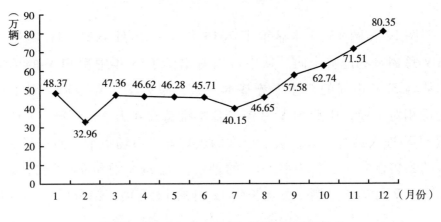

图 13　2015 年 1～12 月 SUV 总销量走势

（二）地域分布情况

我国地域辽阔，不同地域的地理环境差异较大，适合的车型也因此有所不同，本小节将从地域分布角度入手，探讨中型 SUV 在不同地域的销量情况，并结合不同车系、品牌等因素进行分析。

本报告选取 2015 年中型 SUV 销量前 30 位中的 10 款代表车型进行分析，这 10 款车型的总销量为 78.24 万辆，占中型 SUV 全年总销量的 80% 以上，覆盖德国、日本、韩国、美国等主要汽车品牌的 SUV 车型，车型包括别克昂科威、众泰 T600、奥迪 Q5、比亚迪 S7、丰田汉兰达、福特锐界、奔驰 GLK、沃尔沃 XC60、雪佛兰科帕奇以及现代胜达。将全国分为华北、华东、华南、华中、东北、西部（西北及西南）六大地区，所选代表城市的销量总和能占到该地区总销量的 85% 以上，因此数据具有一定的代表性和普遍性。

1. 国内各地区中型 SUV 销量分析

根据上述统计方法获得 2015 年下半年中型 SUV 总销量地区分布大致如图 14 所示。

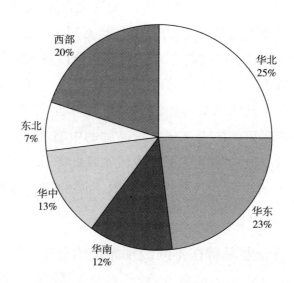

图 14　2015 年中型 SUV 总销量全国地区分布

由图 14 可知，中型 SUV 在华东、华北、西部地区的销量较高，均达到全国总销量的 20% 以上，其总和约占全国总销量的 68%，而东北地区销量较低，占全国总销量的 7%。华南和华中地区的销量则达到了 10% 以上。这与各地区的经济发展状况、地理条件以及消费者的生活水平、用车需求有较大关系。

2. 自主与非自主品牌中型 SUV 市场及地域分析

由图 5 中型 SUV 销量前十车型的销量统计可见，自主品牌中的众泰 T600 位居中型 SUV 销量亚军，比亚迪旗下的比亚迪 S7 以约 11 万辆的成绩位列第四。从该排名可以看出，我国消费者对于自主品牌中型 SUV 的认同度一般，仅有两款车型入围销量前十，自主品牌在中型 SUV 市场的投入仍需加强。

图 4 是根据统计数据获取的自主品牌与合资品牌在中型 SUV 市场的销量占比情况，从全国市场来看，目前合资车型占据了我国中型 SUV 市场约 67% 的市场份额，自主品牌的市场份额仅占 33%。我国自主研发的中型 SUV，无论是品牌数量还是品牌影响力与国外相比都仍存在较大的差距，具有很大的发展空间。

进一步分析自主品牌与非自主品牌在国内各地域的分布如图 15 所示。可以看出，华中、西部地区对国产自主品牌中型 SUV 的接受程度较高，自主品牌销量占比约 20%，而华北、华东、华南、东北地区的消费者则更倾向于选择合资品牌的中型 SUV。经济发展情况和消费者的购车取向决定了不同地域销量的差异。车企可以根据地域上的销量差异，针对不同地区采取不同的销售策略，积极开拓市场。

（三）各企业品牌在不同级别城市的分布

不同企业品牌的中型 SUV 销量与城市级别存在一定关联，由于城市级别可以直观反映消费者的消费水平，所以车企对某款车型的市场定位和对消费人群的划分会直接关系到产品在不同城市级别的分布。本节将针对不同的品牌与消费者之间的关系进行分析。

为了进一步分析企业品牌及其地域和城市级别之间的内在联系，本小节在全国范围内选取了 10 个中型 SUV 销量较好的车企

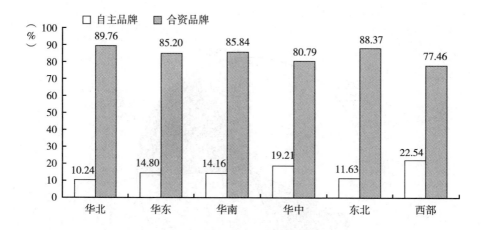

图 15　自主品牌与非自主品牌中型 SUV 在各地区所占比例

作为代表（见表 3），统计其主打中型 SUV 车型在 2015 年全国销量前 50 名的城市，并对这 50 个城市进行城市级别分类，得到各个车型在不同级别城市的购买比例如图 16 所示，从一定程度上反映了不同级别城市的消费者对各大车企生产的中型 SUV 的购买偏好。

表 3　10 个典型企业的车型及其价位分布

单位：万元

车企	车型	价格区间	车企	车型	价格区间
上海通用别克	昂科威	21.99 ~ 34.99	长安福特	锐界	24.98 ~ 42.98
众泰汽车	众泰 T600	7.98 ~ 13.58	北京奔驰	奔驰 GLK	37.80 ~ 55.80
一汽大众	奥迪 Q5	35.85 ~ 57.17	江铃汽车	驭胜	11.58 ~ 18.88
比亚迪汽车	比亚迪 S7	10.69 ~ 13.99	东风日产	楼兰	23.88 ~ 37.98
广汽丰田	汉兰达	23.98 ~ 42.28	长城汽车	哈弗 H8	18.88 ~ 25.68

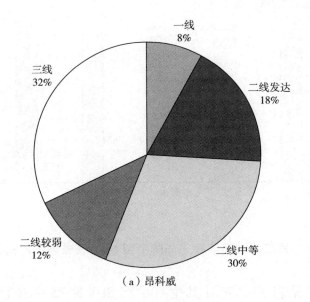

（a）昂科威

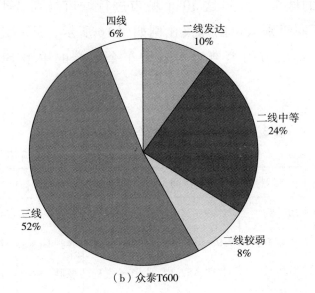

（b）众泰T600

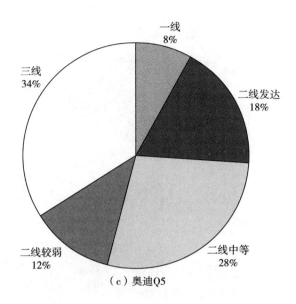

（c）奥迪Q5

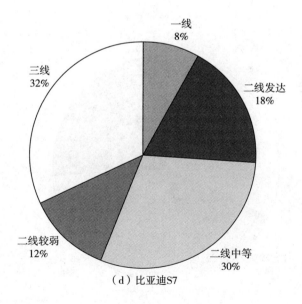

（d）比亚迪S7

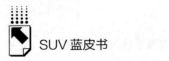

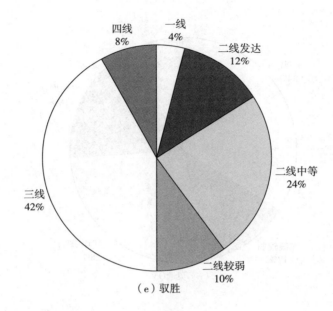

（e）驭胜

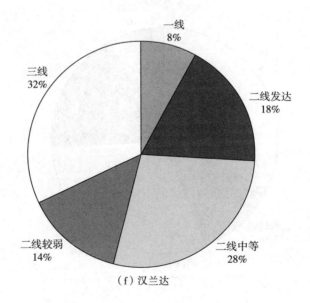

（f）汉兰达

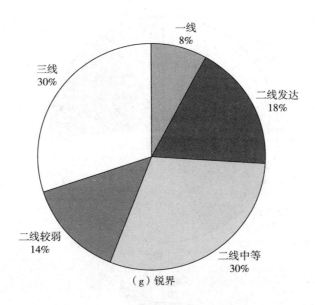

（g）锐界

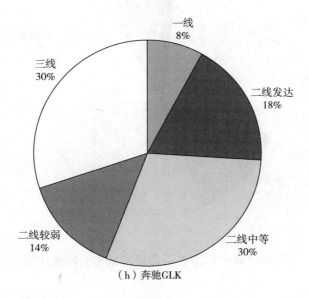

（h）奔驰GLK

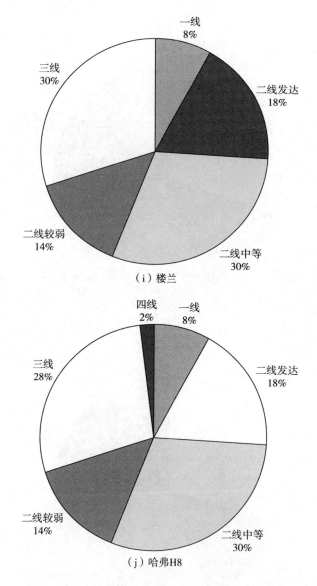

（i）楼兰

（j）哈弗H8

图16　各个车型在不同级别城市的购买比例

　　中型 SUV 的市场定位是收入水平较高的消费人群，所以从图16中不难发现典型车型的销售主要集中在一、二线城市，三线城市往往占市场份额的 1/3 左右，而级别更低的四线城市则几乎没有市场份额。

自主品牌中的众泰 T600 作为中型 SUV 市场年度销量的亚军，更多地指向三、四线城市，一线城市中没有一个进入销量前 50。低廉的价格、合理的市场定位以及明确的消费人群使得众泰 T600 取得了不俗的市场表现。作为一款中型 SUV，其销售价格定在 7.98 万~13.58 万元，打破了人们对于中型 SUV 价格较高、养护成本负担较重的固有印象，亲民的价格开辟了不同的市场局面，为其销量的增长奠定了基础。再看同为自主品牌的长城哈弗 H8，其在全国各级城市中均占有一定的份额。这一方面反映了消费者对于企业的认可，另一方面也可以看出企业的市场策略。哈弗 H8 在更多的城市进行推广，同时结合自身，有所侧重，最终也取得了不错的成绩。

而合资品牌的中型 SUV 款式多样，配置丰富，主要面向收入水平较高的一线城市。一线城市的消费者对于车辆的需求不仅仅是代步工具，高品质的驾驶体验更切中人心。所以合资品牌的车型在配置上下了更多功夫，高科技配置、精致内饰也使得价格水涨船高。不过高昂的价格并没有引起销量的下滑，几款定价较高的中型 SUV 在年终的销量比拼中均取得了不错的成绩。

综上所述，自主品牌与合资品牌在销售策略与市场定位上有着本质区别，各个车企在开拓中型 SUV 市场的时候，应当各得其所，根据自身定位制定合理的销售策略，这样汽车市场才能得以繁荣发展。

（四）各企业品牌的市场占有率

为了进一步剖析中型 SUV 销量数据背后所包含的庞大信息，本小节将从各个企业品牌在中型 SUV 市场中所占有的市场份额入手，来解析企业之间的市场竞争。

表 4 显示了 2015 年度销量前十名的中型 SUV 在整个中型 SUV

市场总销量中所占比例，图 17 将表 4 中的数据汇总发现，销量前十名的车型占据了整个中型 SUV 市场 82.6% 的市场份额。根据表 1 的统计，2015 年市面上的中型 SUV 有 30 余种车型，足以看出少数一些极具实力的企业品牌占据了主要的市场份额，而其他企业品牌在市场竞争中处于被动状态。

表 4　2015 年中型 SUV 销量前十名占总销量的百分比

单位：辆，%

车型	销量	总销量	占比
昂科威	162941	980356	16.621
众泰 T600	126121	980356	12.865
奥迪 Q5	114000	980356	11.628
比亚迪 S7	110074	980356	11.228
汉兰达	75205	980356	7.671
锐界	65152	980356	6.646
奔驰 GLK	62345	980356	6.359
沃尔沃 XC60	34245	980356	3.493
科帕奇	32357	980356	3.301
全新胜达	27342	980356	2.789

　　图 18 从另一角度反映了上述问题。根据 2015 年市面上的中型 SUV 销量情况的不完全统计，得到各车型的平均销量为 31624 辆，只有年度销量前九名超过了平均值。图 19 详细地显示了销量在平均值以上的 9 款车型占中型 SUV 总销量的比例，发现 9 款车的总销量已经能够占据中型 SUV 市场的近八成（占 79.81%），远远超出其他 22 款车型的销量。可见，中型 SUV 的销量主要靠销量靠前的品牌支撑，这种市场份额的巨大差距反映了如今中型 SUV 市场呈现几家独大的局面，市场份额集中在少数企业手中，其他企业想在中型 SUV 市场中占得一席之地所面临的竞争是十分激烈的。

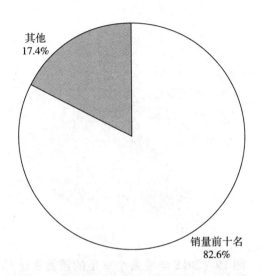

图 17   销量前十名的中型 SUV 市场份额

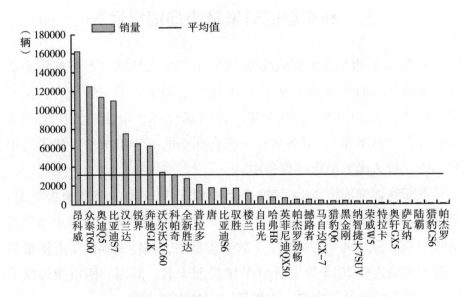

图 18   2015 年各品牌车型销量与平均销量的关系

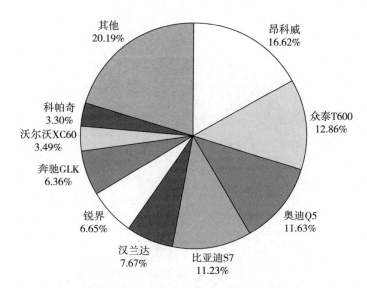

图19　2015 年度各个车型的销量占比

三　新车型的研发及市场销售情况

中型 SUV 市场并没有紧凑型 SUV 市场那么活跃，不过近年来新车型和改款车的出现也为整个中型 SUV 市场注入了一丝活力。据不完全统计，从 2012 年到 2015 年，每年都会有十余款新型中型 SUV 面世（包括改款车），且各大车企都会在新的一年里推出一款主打中型 SUV，投入激烈的市场竞争中。

下面将详细剖析 2015 年度全新中型 SUV 车型的市场销售情况。图 20 显示了 2015 年 7 款全新中型 SUV 车型的销量能够占到中型总销量的 11%。从表 4 可以看出，7 款新车型中，福特锐界以年度销量第六名的成绩进驻 2015 年中型 SUV 销量前十名，其刚一面市便得到了广大消费者的关注与肯定，占据了一定的市场份额。

下面将选取 2015 年新上市的 7 款中型 SUV 车型，结合其在各个季度的销量走势进行分析（见图 21）。

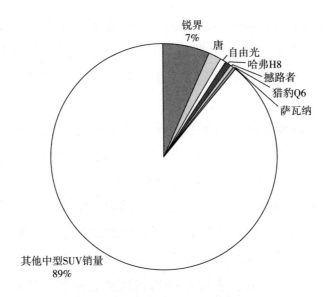

图 20　2015 年新车型销量占比

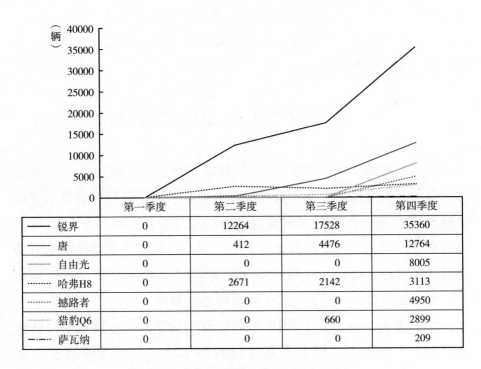

	第一季度	第二季度	第三季度	第四季度
锐界	0	12264	17528	35360
唐	0	412	4476	12764
自由光	0	0	0	8005
哈弗H8	0	2671	2142	3113
撼路者	0	0	0	4950
猎豹Q6	0	0	660	2899
萨瓦纳	0	0	0	209

图 21　2015 典型新车型季度销量走势

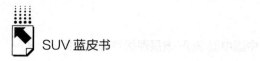

福特锐界上市伊始就表现出了不错的成绩，开始销售的第一个季度就取得了 12264 辆的销售成绩，在第四季度销量更是达到了 35360 辆，与第三季度相比涨幅达到了 101.7%，可见消费者对于改款车型具有极高的认同度。

其他车型的销量虽不及福特锐界，但总体均呈现上涨的趋势，自主品牌中的中型 SUV 比亚迪唐的销量增长也是十分惊人的，第四季度销量与第三季度相比涨幅达到了 185.2%，几乎翻倍，这也预示着比亚迪唐将在 2016 年的销量争夺战中取得不错的成绩。

通过分析可以发现，各车企在自己的产品设计上体现出了独特的理念，且随着消费者对新品的深入了解，真正适合市场的产品一定能得到很高的关注度，并获得较好的销售成绩。随着生活水平的提高，人们对代步工具的要求也越来越高，新款车型不断涌现，人们的选择越来越多，市场竞争也越来越激烈，车企只有从消费者的角度出发，结合自身发展定位，开发更多符合市场需求的新款车型，才能在激烈的市场竞争中长久发展下去。

四 2016年度中型 SUV 市场预测

相比其他的车型，中型 SUV 具有以下特点：空间尺寸大，动力性能强劲，安全性能卓越，目标消费人群收入水平较高，合资品牌在中型 SUV 市场中占有极大份额等。通过市场分析，可以更直观地了解该车型的市场定位及其市场现状的成因，也可以从侧面反映出市场需求以及消费者喜好。这对于我国未来汽车产业的发展具有指导意义，也方便对 2016 年的中型 SUV 市场进行预测。

（1）市场方面。预计 2016 年中型 SUV 的销量将继续增长，能够达到 125 万辆左右，但上升幅度将有所下降。合资品牌仍然会是 2016 中型 SUV 市场的主力，占据六成左右的市场份额。几家销量较好的品牌依然会在 2016 年保持良好的销售态势，但随着 2015 年一些新上市的车型渐渐得到消费者的认可以及 2016 年一些其他新车型的介入，其所占据的比例会有所下降。华东、华北及西部地区仍然会是中型 SUV 销量较好的地区，不同企业品牌车型在不同级别城市中的销售情况也基本与 2015 年相仿。

（2）新车型方面。预计 2016 年各个企业品牌会将 2015 年销量前几名的车型进行相应改款，与此同时也会陆续推出新车型，根据新车型的变化趋势，2016 年中型 SUV 仍将有 10 款左右新车型（包括改款）面市。

（3）技术方面。整体来看，中型 SUV 所采用的技术已经较为成熟，2016 年各个企业品牌尤其是自主品牌将会更注重细节和整车品质的提升，力求在较低的成本下将各种先进技术整合、应用到新车型中，比如自动驻车系统、内外后视镜自动防眩目、并线辅助、全景摄像头、自动泊车入位、发动机启停技术等。这些技术的采用会为消费者提供更舒适的驾乘体验。

B.10
中国中大型和大型 SUV 发展现状
与前景分析

摘　要：　相较其他各个级别的 SUV 车型，中大型和大型 SUV 总的
　　　　　市场占有率并不高，所以本报告把这两个级别 SUV 的发展
　　　　　现状和市场前景放在一起描述。报告介绍了中大型和大型
　　　　　SUV 的市场表现和销量，并着重介绍了这两类 SUV 的技
　　　　　术优势。从技术层面看，这两类产品在市场影响力和行业
　　　　　引导方面，有不可替代的作用和先天的优势。同样，报告
　　　　　也对中大型和大型 SUV 的发展趋势做了分析和展望。

关键词：　中型 SUV　中大型 SUV　市场表现　销量　前景

一　概述

近五年来大型和大型 SUV 的销量占比呈明显的下降趋势，并在
近两年趋于平稳。中大型和大型 SUV 的市场份额被小型 SUV 超越而
成为占比最小的细分市场，这符合中国 SUV 市场小型化的趋势。同
时中大型和大型 SUV 在同品系 SUV 中多被定位为高端汽车，故消费
主体相对较少，这也是其市场份额小的原因之一。但是，我们并不能
忽视中大型和大型 SUV 在 SUV 市场中的表现，在该细分市场中，这类
SUV 多承载着 SUV 最先进的技术及设计（其他细分市场的 SUV 出于成
本等考虑多数不采用），即代表着 SUV 的先进技术。

（一）定义

结合市面现有 SUV 车型，综合目前的分类方式，本报告将中大型 SUV 定义为车身长度为 4750~5150 毫米、轴距为 2790~3050 毫米，或至少要符合其中一点的 SUV 车型；将大型 SUV 定义为车身长度超过 5000 毫米，轴距超过 3000 毫米，或至少要符合其中一点的 SUV 车型。把这两类 SUV 一起分析，主要出于以下几点考虑：都定位于高端市场；大型 SUV 搭载的先进技术在中大型 SUV 上也基本得到应用；市场份额都不高并且两者加起来也是最低的，同时市场份额都呈下降趋势。

（二）车型市场表现及销量

2015 年，中国中大型及大型 SUV 在 SUV 市场上的销量所占份额仅约为 1.4%（不包括进口车型），表 1 列举了 5 款在中国销量比较靠前的自主和合资中大型和大型 SUV 车型的品牌、销量和价格区间。在中大型及大型 SUV 市场上，占绝对优势的是保时捷卡宴、宝马 X6 等进口车型，其次是以一汽丰田的普拉多为代表的合资车型，而自主品牌在这一领域由于技术相对落后等，并没有很多车型，但同时哈弗的 H8 和 H9 也取得了相当不错的成绩，其他自主品牌有北京汽车 BJ100、红旗 LS5 等。

表 1　2015 年市场上常见的中大型及大型 SUV 车型的品牌、销量及价格区间统计

单位：辆，万元

序号	车企	品牌	车型	销量	价格区间
1	一汽丰田	丰田	普拉多	23731	34.98~60.60
2	长城汽车	哈弗	哈弗 H9	13961	19.56~24.86
3	长城汽车	哈弗	哈弗 H8	8985	17.16~23.88
4	沃尔沃亚太	沃尔沃	沃尔沃 XC Classic	2136	35.99~44.09
5	一汽丰田	丰田	兰德酷路泽	1460	58.40~93.87

在中大型及大型 SUV 市场的分析中，根据这类车型的特点，本文将重点分析其技术特点并结合当前市场表现做前景分析。

（三）技术优势

中大型和大型 SUV 是 SUV 中的"巨无霸"，最显著的特点是庞大的体积及高排量、高油耗。下文以两款中大型及大型 SUV 丰田普拉多和吉普大切诺基为例，分析中大型及大型 SUV 的优势及特点，表2详细列举了这两款车型的相关参数。

在外观及尺寸方面，两者都具有相对于其他细分市场的 SUV 更大的外部尺寸及内部空间，都具有中大型及大型 SUV 大气、威猛的外观，特别是广阔的内部空间极大地体现了中大型及大型 SUV 的优越性。不仅仅对于中大型及大型 SUV 来说，就整个 SUV 市场而言，宽敞的内部空间也是其能够吸引消费者的很重要的一方面。宽敞的内部空间给外出旅行等提供了巨大的便利，因此大尺寸是中大型及大型 SUV 能够在 SUV 市场立足的一个优势所在。

在动力及油耗方面，普拉多采用2.7L、L4 的发动机，大切诺基采用3.0L、V6 的发动机。值得注意的是，在其他 SUV 中广泛采用的涡轮增压技术在中大型及大型 SUV 中应用得不是很多。涡轮增压技术在其他 SUV 中被广泛采用是因为其能在提高动力性的同时提高燃油经济性，而中大型及大型 SUV 由于追求动力性，绕过涡轮增压技术而直接采用增大排量的方法提高动力，显然是更好的选择。大切诺基采用 V 型 6 缸发动机，也是该细分市场中的 SUV 在发动机方面采用先进技术的具体体现，而其他细分市场的 SUV 很少采用 V 型发动机，多为直列式，普拉多采用的 VVT－i 发动机技术也体现了技术上的优势。同时，沉重的车身和高排量难免带来高油耗，普拉多的综合工况油耗高达 12.2 升/百公里。

表2　普拉多和大切诺基相关参数

车型信息	丰田普拉多2015款 2.7L自动豪华版	Jeep大切诺基2015款 3.0L旗舰尊悦版
厂商指导价	41.48万~43万元	56.99万~68.97万元
发动机	2.7L　I4	3.0L　V6
变速箱	4挡自动	8挡自动
长×宽×高(mm)	4780×1885×1845	4875×1943×1792
车身结构	5门7座SUV	5门5座SUV
综合工况油耗(L/100km)	12.2	10.3
轴距(mm)	2680	2790
前轮距(mm)	1565	1585
后轮距(mm)	1565	1585
最小离地间隙(mm)	220	220
整备质量(kg)	2140	2235
油箱容积(L)	87	94
行李厢容积(L)	1850	
发动机型号	2TR-FE	
排量(mL)	2694	2985
进气形式	自然吸气	自然吸气
气缸排列形式	L	V
气缸数(个)	4	6
每缸气门数(个)	4	4
压缩比	9.6	10.2
配气机构	DOHC	DOHC
缸径(mm)	95	—
行程(mm)	95	—
最大马力(Ps)	159	234
最大功率(kW)	117	172
最大功率转速(rpm)	3800	4400
最大扭矩(N·m)	224	285
最大扭矩转速(rpm)	5200	6350
发动机特有技术	VVT-i	—
供油方式	多点电喷	多点电喷
驱动方式	全时四驱	全时四驱

续表

车型信息	丰田普拉多 2015 款 2.7L 自动豪华版	Jeep 大切诺基 2015 款 3.0L 旗舰尊悦版
环保标准	国 IV(国 V)	国 IV
前悬架类型	双叉式独立悬架	双叉臂独立悬架带横向稳定
后悬架类型	四连杆机构式悬架	多连杆独立悬架带横向稳定
助力类型	液压	电子液压
车体结构	非承载式	承载式
前制动器类型	通风盘式	通风盘式
后制动器类型	通风盘式	通风盘式
驻车制动类型	手刹	脚刹
主/副驾驶座安全气囊	主√　副√	主√　副√
前/后排侧气囊	前√　后√	前√　后√
前/后排头部气囊(气帘)	前√　后	前√　后
膝部气囊	√	√
胎压监测装置	—	√
零胎压继续行驶	—	√
安全带未系提示	√	√
ISOFIX 儿童座椅接口	√	√
发动机电子防盗	√	√
车内中控锁	√	√
遥控钥匙	√	√
无钥匙启动系统	√	—
ABS 防抱死	√	√
制动力分配(EBD/CBC 等)	√	√
刹车辅助(EBA/BAS/BA 等)	√	√
牵引力控制(ASR/TCS/TRC 等)	√	√
车身稳定控制(ESC/ESP/DSC 等)	√	√
上坡辅助	√	√
自动驻车	—	
陡坡缓降	—	√
电动天窗	√	√
全景天窗	—	√
车载冰箱	√	—

在动力传动方面，自动变速箱在该细分市场的 SUV 上的应用率明显高于其他细分市场的 SUV，几乎所有中大型及大型 SUV 车型都配有自动变速箱。另外，多挡位也是其一个发展趋势，如保时捷卡宴为 8 挡手自一体，H9 为 6 挡手自一体。虽然表中普拉多采用的是 4 挡自动变速器，而在 2016 年推出的几款车型普遍采用的是 6 挡或更多挡位的变速器，这样有利于换挡平顺，减轻顿挫感。

在底盘方面，中大型及大型 SUV 有承载式车身和非承载式车身两种。其中，非承载式车身居多，典型的车型有丰田普拉多、哈弗H9、丰田兰德酷路泽等，非承载式车身具有刚性车架，抗扭刚性和承载能力强，车身刚性好，安全系数相对较高，过滤颠簸的能力也较好，这符合中大型及大型 SUV 对安全性、通过性的要求；也有一部分采用承载式车身，以追求车身轻量化、行驶平稳性以及降低噪声，使乘坐更舒适，代表车型有路虎揽胜、奥迪 Q7 等。前后悬架都采用独立悬架，前悬架很少采用麦弗逊式悬架，多为双插臂式独立悬架、多连杆式独立悬架，甚至有的带横向稳定，如大切诺基；后悬架多为多连杆式独立悬架。

在制动方面，中大型及大型 SUV 的前后制动均采用通风盘式，这也是与中大型以下的 SUV 无通风盘式或仅采用前通风盘式相区别的地方。驻车制动上，许多新款车型采用电子驻车系统，如奔驰 M级（进口）、保时捷卡宴，而现在仍有一部分车型采用手刹驻车制动或脚刹驻车制动，如丰田普拉多和吉普大切诺基，然而电子驻车制动在中大型及大型 SUV 上甚至是全系 SUV 上会得到更多应用。

其他方面，中大型及大型 SUV 多标配主、副驾驶座安全气囊，前、后排侧安全气囊，前、后排头部气囊及膝部安全气囊的全方位安全气囊保护，而其他 SUV 的气囊较少；中大型及大型 SUV 基本都配备 ABS 防抱死系统、无钥匙启动系统、ESP 车身稳定控制等智能设备，使中大型及大型 SUV 有更强的制动安全性、便捷的操纵性以及

舒适性；在内饰品质及娱乐等方面，真皮座椅、电子全景天窗等在中大型及大型 SUV 上也是非常常见的。

通过上述论述可知，中大型及大型 SUV 最大的优势就是对性能的极致追求、与智能化的完美结合、对安全性的充分保障以及力求完美的内饰。但是这些优势的代价是成本的提升，让许多人因为超高的价格望而却步。每一个细分 SUV 市场都有自己的定位和追求，就像紧凑型 SUV 追求超高的性价比，中大型及大型 SUV 的定位就是高品质体验。随着科技发展，高科技成本降低，中大型及大型 SUV 会凭借优越的性能迎来高速发展期，取得更大的市场份额。

二 发展现状与前景预测

（一）总体发展趋势及展望

因进口车型的销量数据统计不完全，故仅以国内市场上销量较高的 5 款自主车型和合资车型，即丰田普拉多、哈弗 H8、哈弗 H9、丰田兰德酷路泽、沃尔沃 XC Classic 这 5 款车型作为研究样本。

图 1 为丰田普拉多和丰田兰德酷路泽近五年的销量情况。两款车销量都在 2011～2014 年持续走低，这与整个 SUV 市场在此期间的迅猛增长形成鲜明反差，分析其原因，可能是国产（包括自主及合资）中大型及大型 SUV 在性价比上略逊于其他细分市场 SUV，而在性能上、品质上即便是同一款车型也与进口车型有一定差距。而普拉多在 2015 年实现销量触底反弹，且相对于 2014 年增幅达到约 200%。

随着另外三款车型的上市，国产 SUV 在该细分市场逐渐活跃，并取得了不错的成绩，特别是哈弗 H8 和哈弗 H9 能够在高端 SUV 市场上有立足之地，极大地鼓舞了自主品牌的信心。2015 年自主品牌 SUV 的销量上升是一个积极信号，说明整个 SUV 市场的火爆已经带

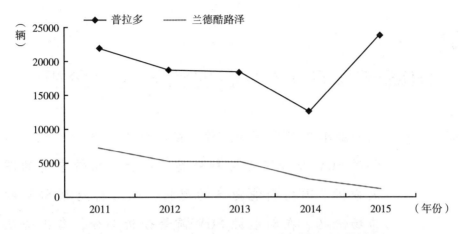

图1　2011～2015 年普拉多和兰德酷路泽销量情况

动了中大型及大型 SUV 市场的发展。

从 2011～2015 年的表现来看，虽然中大型及大型 SUV 市场相对于其他 SUV 细分市场颇为冷淡，但 2015 年的反弹是中大型及大型 SUV 市场逐渐发展的标志。从以上分析以及其他 SUV 细分市场表现来看，中大型及大型 SUV 的销量将会在 2016 年继续小幅增长，但鉴于 SUV 小型化的潮流正热，市场份额不一定会增长。

从长远来看，中大型及大型 SUV 将迎来一次"爆发"，在 SUV 市场中所占份额会实现显著增长，依据如下：随着经济发展，高收入人群将会增多，这也就增加了中大型及大型 SUV 的潜在消费者数量；消费者对 SUV 大空间的追求只增不减，同时会更加注重品质及细节，主观上会促进中大型及大型 SUV 市场的发展；二胎政策的放开，使中国家庭模式发生改变，家庭人口增多，会客观上刺激对大空间 SUV 的需求。

B.11
中国新能源 SUV 发展现状与前景分析

摘　要：　新能源车是新生事物，所以在本报告一开始，就对新
能源 SUV 进行了定义和分类。然后用比较丰富的图
表分析了国内新能源车的现状，以及新能源 SUV 的
市场情况。在新能源 SUV 前景分析部分，本报告从
国家政策支持、SUV 市场需求量持续上升、国内外车
企对新能源 SUV 开始高度重视这三个方面进行了全
面而系统的阐述。由于新能源车还处于刚刚起步的阶
段，各方资料还不够齐全，本报告深入的分析和研判
具有较好的参考作用。

关键词：　新能源 SUV　市场表现　销量　前景

一　新能源汽车简介

（一）定义

新能源汽车是指采用非常规的车用燃料作为动力来源（或使用
常规的车用燃料、采用新型车载动力装置），综合车辆的动力控制
和驱动方面的先进技术，技术原理先进，具有新技术、新结构的
汽车。

（二）分类

新能源汽车包括纯电动汽车、混合动力汽车、燃料电池电动汽车、氢发动机汽车、其他新能源汽车等。

1. 纯电动汽车

纯电动汽车是一种采用单一蓄电池作为储能动力源的汽车，通过电池向电动机提供电能，驱动电动机运转，从而推动汽车行驶。

2. 混合动力汽车

混合动力汽车是指驱动系统由两个或多个能同时运转的单个驱动系联合组成的车辆。车辆的行驶功率依据车辆的实际行驶状态由单个驱动系单独或多个驱动系共同提供。因各个组成部件、布置方式和控制策略不同，混合动力汽车有多种形式。混合动力汽车按照动力混合程度，又分为插电式混合动力汽车、全混合动力汽车、中度混合动力汽车、轻度混合动力汽车和微混动力汽车。根据我国新能源汽车政策，只有插电式混合动力汽车属于政策支持鼓励的范畴。

3. 燃料电池电动汽车

燃料电池电动汽车是在催化剂的作用下，以燃料电池中的氢气和氧气经电化学反应产生的电能为主要动力源的汽车。燃料电池电动汽车实质上是纯电动汽车的一种，它与一般纯电动汽车的主要区别在于动力电池的工作原理不同。一般来说，燃料电池是通过电化学反应将化学能转化为电能，电化学反应所需的还原剂一般采用氢气，氧化剂则采用氧气，因此最早开发的燃料电池电动汽车多直接采用氢燃料，氢气的储存可采用液化氢、压缩氢气或金属氢化物储氢等形式。

4. 氢发动机汽车

氢发动机汽车是以氢发动机为动力源的汽车。一般发动机使用的

燃料是柴油或汽油，氢发动机使用的燃料是气体氢。氢发动机汽车是一种真正实现零排放的交通工具，排放的是纯净水，其具有无污染、零排放、燃料储量丰富等优势。

5. 其他新能源汽车

其他新能源汽车包括使用甲醇等燃料以及使用超级电容器、飞轮等高效储能器的汽车等。

目前在我国，新能源汽车主要是指纯电动汽车、插电式混合动力汽车和燃料电池电动汽车，常规混合动力汽车被划分为节能汽车。

在全球范围内，纯电动汽车、插电式混合动力汽车占据了新能源汽车市场的绝大多数份额，下文所提及新能源汽车均指该两种车型。

二　中国新能源汽车市场现状

2015 全年全球共销售新能源汽车约 55 万辆，其中中国市场上的销量占总销量的 62%，达到 34 万辆（见图 1）。

据中国汽车工业协会数据统计，2015 年中国新能源汽车产量达 340471 辆，销量 331092 辆，分别增长 3.3 倍和 3.4 倍。我国新能源汽车销量首次超越美国，成为全球第一大新能源汽车市场。

其中，纯电动车型产销量分别达到 254633 辆和 24782 辆，同比增长分别为 4.2 倍和 4.5 倍；插电式混合动力车型产销量分别完成 85838 辆和 83610 辆，同比增长 1.9 倍和 1.8 倍（见图 2）。

根据中国工信部 2009～2015 年新能源车名录数据统计，自 2009 年起，我国新能源车型数量逐年增加且增长速度逐年提高。其中，2015 年有 100 款新款新能源轿车上市，新车数量较 2014 年增加近 1

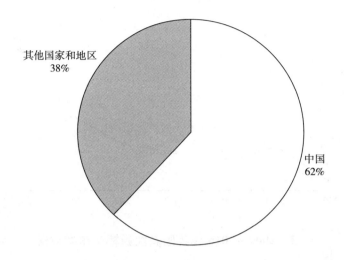

图 1 2015 年全球新能源汽车销量

资料来源：ev – sales. blogspot. com。

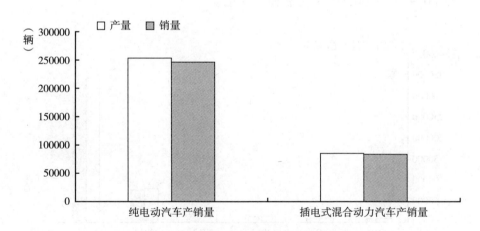

图 2 2015 年中国新能源汽车产销量

倍（见图 3）。

如图 4 所示，据中国汽车工业协会数据统计，在 2010～2013 年我国新能源汽车的年产销量处于不足 5 万辆的较低水平；自 2013 年

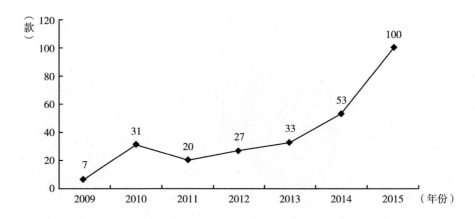

图3 2009～2015年我国新能源轿车车型数量

起，我国对于新能源汽车生产厂家及消费者的多项补贴、福利政策使得其产销量飞速增长，2014年产销量较2013年均增长4.5倍，2015年较2014年分别增长3.3倍和3.4倍。

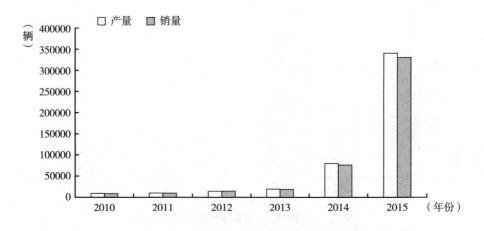

图4 2010～2015年中国新能源汽车产销量

中国汽车工业协会预计2016年中国新能源车销量将再翻一番，达到70万辆。

三 中国新能源 SUV 市场现状

如图 5 所示，在 2015 年新发布的 100 款新能源轿车中，SUV 车型仅有 5 款，分别为比亚迪唐、保时捷 Cayenne 混动版、路虎揽胜混动版、东风日产楼兰、雷克萨斯 NX – 300h。

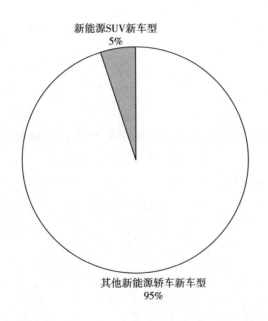

图 5 2015 年新能源 SUV 车型与新能源
轿车车型数量对比

资料来源：工信部网站、易车网。

如图 6、图 7 所示，截至 2015 年末，共有 343 个 SUV 车型在售，其中新能源 SUV 仅有 19 个车型，共 35 个车款，总销量约为 4 万辆，仅占 2015 年中国 SUV 总销量 340 万辆的 1%。

2015 年主要车款的销量与指导价格如表 1 所示。

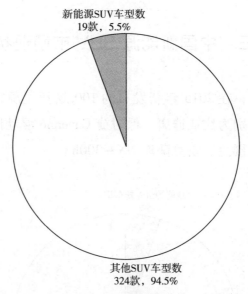

新能源SUV车型数
19款，5.5%

其他SUV车型数
324款，94.5%

图 6　2015 年我国在售新能源 SUV 车型数量及占
全部 SUV 车型数量的比重

资料来源：易车网。

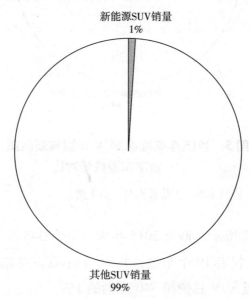

新能源SUV销量
1%

其他SUV销量
99%

图 7　2015 年新能源 SUV 销量占全部 SUV 销量的比重

资料来源：易车网。

表 1   2015 年主要新能源 SUV 销量与指导价格

单位：辆，万元

	品　牌	车型	销量	指导价格	备注
1	比亚迪	唐	18375	25.13	
2	日产	楼兰	5711	29.78	
3	雷克萨斯	NX300h	2096	49.9	
4	英菲尼迪	QX60	1973	61.8	
5	雷克萨斯	RX450h	1941	73.9	
6	保时捷	Cayenne SE – Hybrid 3.0T	1209	114.8	
7	路虎	揽胜 3.0 TDV6 混合动力版	403	186.8	已停产
8	奥迪	Q5 Hybrid	374	60.8	进口

由上文可知，目前我国新能源 SUV 市场现状为：车型少，销量低，市场主要集中于实行特殊政策的城市，大部分车型不在政府补贴范围之内，价格普遍较高，新车型数量少。

四　中国新能源 SUV 前景分析

新能源 SUV 在中国市场刚刚起步，前景乐观。随着对新能源汽车产业政策支持力度的加大和油耗标准的日益严格，我国新能源 SUV 车型种类将逐年增加，新能源 SUV 销量将逐年提升，新能源 SUV 市场将会有快速且持续的发展。原因有以下三点。

（一）国家政策支持

从 2001 年至 2015 年，我国有关部门针对新能源汽车出台了一系列扶持政策，其主要内容如下。

（1）2001 年，我国"863 计划"发布电动汽车重大专项，确定了"三纵三横"战略，即以纯电动、混合动力和燃料电池汽车为"三

纵"，以多能源动力总成控制、驱动电机、动力蓄电池为"三横"。

（2）2004 年 5 月 21 日，国家发改委发布《汽车产业发展政策》，其内容有：汽车产品上公告，公安交通管理部门依据《道路机动车辆生产企业及产品公告》和中国强制性认证标志办理车辆注册登记；突出发展节能环保、可持续发展的汽车技术。

（3）2005 年，我国发布国家"863 计划"节能与新能源汽车重大项目，确定北京、武汉、天津、株洲、威海、杭州 6 个城市为电动汽车运营示范城市。

（4）2006 年，我国发布新的消费税政策，确定对混合动力汽车等具有节能、环保特点的汽车将实行一定的税收优惠。

（5）2007 年，我国"863 计划"规划对新能源汽车投入 20 亿元研究经费。

（6）2007 年 11 月 1 日，我国发布《新能源汽车生产准入管理规则》，定义了新能源汽车的范围，对新能源汽车的生产企业资质、生产准入条件以及申报要求等内容做了具体的规定。

（7）2007 年 12 月 18 日，我国发布产业结构调整指导目录（2007 年本），删除"先进的轿车用柴油发动机开发制造"这条规定。新能源汽车正式进入受国家发展和改革委员会鼓励的产业目录。新能源汽车整车及关键零部件的开发及制造，均被列入了国家鼓励范围，享受鼓励政策。

（8）2008 年 3 月 31 日，首届中国绿色能源汽车发展高峰论坛开幕，科技部部长首次提出新能源汽车发展的明确目标：到 2012 年，国内 10% 新生产的汽车是节能与新能源汽车。

（9）2009 年 2 月，我国科技部、财政部推出"十城千辆"工程，决定在 3 年内，每年发展 10 个城市，每个城市在公交、出租、公务、市政、邮政等领域投放 1000 辆新能源汽车开展示范运行。同年 2 月 11 日，科技部、财政部发布《关于开展节能与新能源汽车示范推广试点工作的通知》，决定在北京、上海、重庆、长春、大连、杭州、济南、武汉、深圳、合肥、长沙、昆明、南昌等 13 个城市开展节能与新能源汽车示范推广试点工作。

（10）2009 年 6 月 17 日，工信部制定了《新能源汽车生产企业及产品准入管理规则》，明确将新能源汽车发展分为起步期、发展期、成熟期三个不同技术阶段，鼓励企业研究开发和生产新能源汽车。

（11）2009 年 12 月 3 日，我国发布节能与新能源汽车示范推广财政补助资金管理暂行办法，中央财政重点对试点城市购置混合动力汽车、纯电动汽车和燃料电池汽车等节能与新能源汽车给予一次性定额补助。该财政补贴办法同时要求地方财政安排一定资金，对节能与新能源汽车配套设施建设及维护保养等相关支出给予适当补助，保证试点工作顺利进行。

（12）2010 年 5 月 31 日，我国发布《关于扩大公共服务领域节能与新能源汽车示范推广有关工作的通知》，在原有 13 个试点城市的基础上，增加天津、海口、郑州、厦门、苏州、唐山、广州 7 个试点城市。随后又增加沈阳、呼和浩特、成都、南通和襄樊 5 个试点城市，节能与新能源汽车示范推广范围进一步扩大到 25 个城市。

（13）2011 年 7 月 14 日，我国科技部发布国家"十二五"科学和技术发展规划，其主要内容有：全面实施"纯电驱动"技术转型战略，实施新能源汽车科技产业化工程；重点推进关键零部件技术、整车集成技术和公共平台技术的研究；继续实施"十城千辆"工程，到 2015 年，突破 23 个重点技术方向，在 30 个以上城市进行规模化示范推广、5 个以上城市进行新型商业化模式试点应用，使电动汽车保有量达 100 万辆、产值预期超过 1000 亿元；发展与电动汽车关系密切的智能电网。

（14）2012 年 07 月 09 日，国务院发布《汽车与新能源汽车产业发展规划（2012～2020 年）》，明确新能源汽车产业发展以纯电驱动

为新能源汽车发展和汽车工业转型的主要战略取向，当前重点推进纯电动汽车和插电式混合动力汽车产业化。此外，还对发展目标做出了具体要求。首先，在销量上，到 2015 年，纯电动、插电式混合动力乘用车累计产销量力争达到 50 万辆；到 2020 年，纯电动和插电式混合动力乘用车生产能力达 200 万辆、累计产销量超过 500 万辆。其次，在电动车里程上，到 2015 年，纯电动乘用车、插电式混合动力乘用车最高车速不低于 100 公里/小时，纯电驱动模式下、综合工况下续驶里程分别不低于 150 公里和 50 公里。最后，在电动车节油性能上，到 2015 年，当年生产的乘用车平均燃料消耗量降至 6.9 升/百公里以下，节能型乘用车燃料消耗量降至 5.9 升/百公里以下。

（15）2014 年，我国连续发布《关于免征新能源汽车车辆购置税的公告》《车辆购置税收入补助地方资金管理暂行办法》《关于新能源汽车充电设施建设奖励的通知》，对购买新能源汽车者给予较高补贴。

（16）2015 年，我国发布《关于 2016～2020 年新能源汽车推广应用财政支持政策的通知》、《关于节约能源　使用新能源车船车船税优惠政策的通知》（以下简称《通知》）。《通知》明确表示，为促进节约能源，鼓励使用新能源，根据《中华人民共和国车船税法》及其实施条例有关规定，对节约能源车船减半征收车船税，对使用新能源车船免征车船税。

以上政策对新能源汽车厂家的大额补贴以及对新能源汽车的特殊照顾使得新能源汽车在价格及车牌方面相较于传统汽车有着显著优势。

（二）SUV 市场需求量持续上升

如图 8 所示，我国 SUV 的总销量自 2011 年以来整体呈现加速上升趋势，2012 年较 2011 年销量同比增长 31.3%，2013 年较 2012 年同比增长 48.5%，2014 年的增幅有所下降，但依然保持 23.4% 的增长速度。2015 年 SUV 销量出现新高潮，增长率达 52.1%。

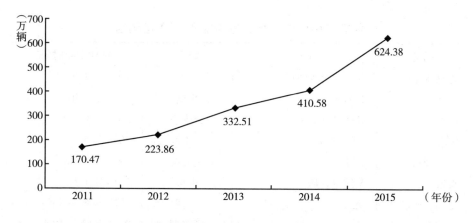

图 8　我国 SUV 汽车销量

据中国汽车协会预测，SUV 销量的快速增长有望得到延续，预计到 2018 年中国乘用车市场的 SUV 车型的占比能达到 35%，达到千万辆水平。

而新能源 SUV 由于在补贴及车牌政策方面的优势，其市场占有量将有极大可能逐年提高。

（三）国内外车企对新能源 SUV 开始高度重视

如表 2 所示，从 2016 年开始，9 家国内自主车企将陆续进军新能源 SUV 领域，共推出 10 款纯电动及插电式混动 SUV 车型。其中，比亚迪元与上汽荣威插电式混动 SUV 为全新车型，其他 8 款车型均为基于现款或已发布车型打造的新能源版本。此外上述 10 款电动 SUV 已覆盖到市场关注度极高的小型、紧凑型、中型 SUV 市场，可为消费者提供丰富的新能源 SUV 产品选择。

与此同时，由于受到"排放造假"事件影响，大众集团将调整柴油车战略，将战略重心向新能源市场转移，大众旗下的奥迪将于 2016 年在中国引入两款战略级的插电式混合动力车型，其中一款为新能源 SUV 奥迪 Q7 e‑tron 2.0 TFSI Quattro。

表 2   2016 年我国自主新能源 SUV 新车型

品牌	车型	级别	预计发布时间
北汽新能源	纯电动小型 SUV	小型	2016 上半年
江淮	IEV6S	小型	2016 上半年
广汽传祺	GS4 EV	紧凑型	2016 年初
华泰	新圣达菲 EV	紧凑型	2016 年初
川汽野马	E70	紧凑型	2016 年 1 月
观致	5 纯电动版	中型	2016 年 1 月
比 亚 迪	元	小型	2016 年第一季度
比 亚 迪	宋	紧凑型	2016 年第一季度
广汽传祺	GS4 PHEV	紧凑型	2016 年 9 月
上汽荣威	插电混动城市 SUV	紧凑型	2016 年下半年

福特汽车也宣布，计划在 2020 年前投资 45 亿美元打造新能源汽车，以弥补公司在新能源汽车研发制造上的经验不足。

以上信息表明，国内外厂商均认识到了我国新能源 SUV 这一市场的潜力，未来将有更多厂商致力于研发新能源汽车车型，特别是新能源 SUV 车型。新能源 SUV 市场将成为中外车企的一个激烈角逐的细分市场。

B.12
SUV市场调查报告

摘　要：　SUV市场调查报告采用实地和网上调查相结合的方式，以了解中国消费者对SUV车型相关方面的认识。调查内容涉及面非常广，包括选车意向、年龄与性别的影响、不同价位在各地区的接受程度、对自主品牌和新能源SUV的认知程度、消费者期望的改进等多方面内容。本报告利用图表的形式把调查结果进行汇总分析，让人们对中国SUV市场的消费意向有非常直观的了解，对今后各企业新车研发、充分满足消费者需求提供较好的帮助。

关键词：　SUV　市场调研　消费期望

　　为了对SUV各细分市场有更加全面、深入的了解，我们设计了一份调查问卷，通过实地调研和网上自由填写的形式发放了近4000份调查问卷，最后共收回有效问卷2690份。

　　为了使调研能够较全面地反映实际情况，采取在不同级别城市中抽取若干城市的形式进行实地调研，这些城市主要包括北京、天津、武汉、长沙、太原、石家庄、保定、青岛、锦州、霍州等。此外，还通过某知名问卷调查网站设计问卷并在网上投放，以获取更多相关信息。

一　基本情况

如图 1 所示，该问卷受访对象中，男女比例分别为 59% 和 41%，较合理。

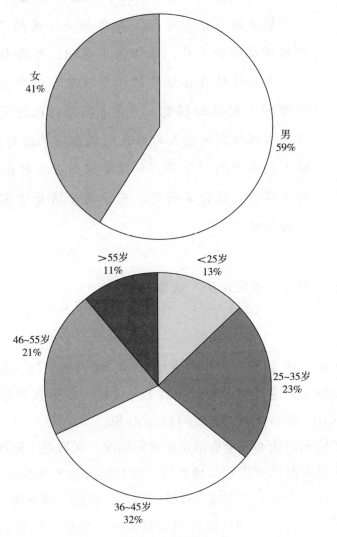

图 1　受访者基本情况分布

在2690名受访者中，25岁以下共计349人，占总数的13%；25～35岁共计618人，占总数的23%；36～45岁共计861人，占总数的32%；46～55岁共计565人，占总数的21%；55岁以上共计297人，占总数的11%。

此次参加调查的2690人中有车的有2083人。其中，轿车车主占比最大，达37%；SUV车主共计649人，占比24%；MPV车主占比6%；跑车车主占比1%；其他类型车主占比14%；此外无车受访者占比18%。其比例如图2所示。

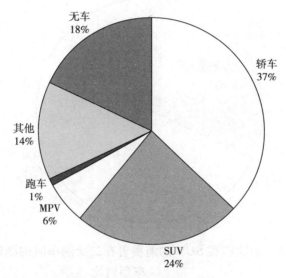

图2　受访者购车情况比例

从以上受访者的基本情况来看，此次问卷调查的受访者结构合理。这也为问卷调查的合理性奠定了基础。

二　调查结果分析

（一）SUV成为多数消费者二次购车的首选

从我国汽车市场消费结构以及调研结果可知，目前我国大多数消

费者的首选车辆仍是轿车，但对于打算二次购车的消费者而言，SUV
是主要考虑的购买车型。调查结果显示，在已购买 SUV 的消费者中
有超过 68% 的用户表示，若再次购买汽车，首选仍是 SUV（见图
3），这也在一定程度上反映了 SUV 消费人群的较高忠诚度，而这种
忠诚度也反映出了一种积极的信号，即多数 SUV 拥有者因 SUV 的出
色性能而对 SUV 再度认可。

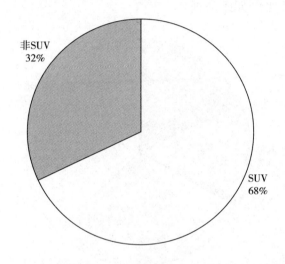

**图 3　首次购买 SUV 的消费者在二次购车时的期望
车型对比**

此外，如图 4 所示，首次购买非 SUV 车型的消费者中有 73% 表
示在二次购车时有意愿购买 SUV，27% 的人群选择非 SUV，由此可见
SUV 在新用户购车需求方面仍具有较大优势。

对以上两类消费者的调查结果具有高度的一致性，都有 60% 以
上的人愿意购买 SUV，这也符合当下 SUV 的火爆趋势，同时也是
SUV 市场仍有巨大潜力与挖掘空间的表现。

SUV 的吸引力与其具有的一些天然优势有很大关系。

（1）通过性：SUV 相对于轿车而言，有较好的通过性，这恰好

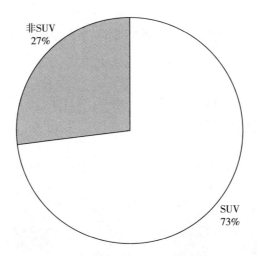

图 4　首次购买非 SUV 的消费者在二次购车时的期望车型对比

符合消费者的需求。高底盘的 SUV 不仅能够适应市内、郊区、乡村等各种路面，而且可以应对山野、路肩、坑洼等复杂的路面状况。在多雨的季节，城市积水严重，通过性较好的 SUV 能轻松通过涉水路面。另外，SUV 普遍配备了适时驱动或者全时驱动系统，使 SUV 的性能提升了一个档次。

（2）空间灵活性：相对于轿车而言，SUV 的另一个较大优势在于超大的后备厢，这对于现如今越来越多开车出行的消费者来说非常实用，而且在不装备太多物品的情况下，不会非常耗油。

（3）视野：SUV 驾驶者拥有较高的坐姿，因此视野好，容易看位。

此外，近年来各大汽车厂商在 SUV 方面不断加大研发力度，推出了形式多样的新款 SUV 车型，这些车型在很大程度上满足了消费者的需求。尤其城市 SUV，其外形时尚、驾乘舒适，具有较强的越野性能，满足了众多年轻、时尚人士的需要，获得了消费者的青睐。

考虑多方面因素之后，SUV 成为二次购车的首选，这也促进了 SUV 市场的快速发展。

（二）不同年龄段、不同性别消费者购置 SUV 考虑的侧重点不同

图 5 为不同年龄段的消费者在购买 SUV 时考虑因素的百分比分布，由此可以得到以下结论。

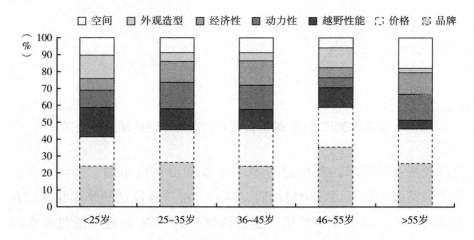

图 5　不同年龄段消费者在购置 SUV 时考虑的因素对比

品牌、价格在各年龄段中的占比都很大，均为最先考虑的两个因素，其中品牌因素始终为第一考虑因素。对品牌关注度最高的是 46～55 岁的人群，而其他年龄段的数据都在 22% 左右；随着年龄的增长，消费者对价格的关注度总体上不断提高。这对 SUV 厂商在成本、定价控制方面有一定的指导意义。

其他方面的因素因年龄段不同而差异较大：25 岁以下的消费者主要侧重于外观和越野性能；25～35 岁的消费者则不太注重外观，而更加注重经济性、动力性以及越野性能；36～45 岁的消费者考虑因素的侧重点基本与 25～35 岁的消费者保持一致；46～55 岁的消费者则不太注重经济性和动力性，而更加注重 SUV 的外观造型，并且该年龄段的消费者对 SUV 品牌的关注度最高；对于 55 岁以上的消费者而言，空间更加重要。

另外，如图 6 所示，通过对不同性别消费者购买 SUV 时考虑因素侧重点的分析调查发现，女性在外观造型、经济性上的关注度超过男性，而男性在动力性、越野性能、价格、品牌上的关注度超过女性，其中男女关注度外观造型、动力性及越野性能上差距最明显。通过调查还发现，女性购买 SUV 的数量也在不断上升，这也是女性频繁参与社会活动的直接表现。

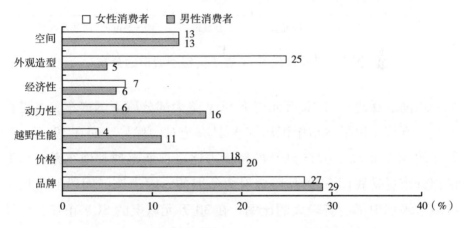

图 6　不同性别消费者购买 SUV 考虑因素对比

（三）不同价位 SUV 在不同级别城市有着不同的接受度

对于购买 SUV，消费者的心理价位在不同地区是不同的。如图 7 所示，五线及以下城市的消费者对于 10 万元以下 SUV 的接受程度最高，达到 45%；四线城市消费者对于 30 万元以下各价位的 SUV 接受度基本保持均衡；三线及以上城市则对于 15 万元以上的 SUV 接受度较高；30 万元以上的 SUV 在一、二线城市的接受程度明显高于其他城市，这与人们的收入和生活水平有着直接的关系。

通过对 SUV 各品牌销量进行对比发现，国产 SUV 的销量在近年

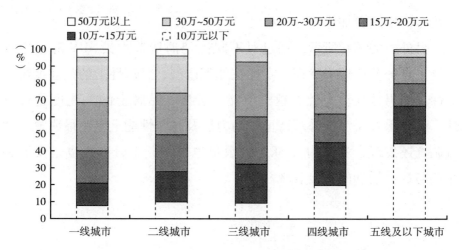

图7　不同价位 SUV 在不同级别城市的分布

来一路高歌猛进，且 10 万元以下 SUV 绝大部分属于国产车，可见在四线、五线及以下城市中国产 SUV 具有绝对的优势。而在 10 万～20万元的 SUV 市场，国产 SUV 的销量占比也日渐超越其他车系，可见该部分市场是我国 SUV 品牌应努力争取的，因为该区间段的市场在各城市级别中都占有较大的比例。在 30 万元以上的 SUV 市场，国外车系则占有明显的优势，而一、二线城市对于高价位 SUV 的需求较大，这也说明国外车企在一、二线城市有着较大的优势。可见各车系找准定位，努力发展自身的技术是至关重要的。

（四）购置 SUV 时，消费者注重性能对比

首先需要说明的是，本部分的分析角度不同于前文，本部分抛开品牌、价格等因素，仅从性能角度去分析消费者的关注情况，力图获得具有一定指导价值的信息。

图 8 为不同年龄段的消费者在购置 SUV 时注重的 SUV 性能占比图。从图中可以看出，安全性是最被注重的性能，除此之外，舒适性也占较大的比例。并且随着消费者年龄的增大，对于二者的注重程度

逐渐提高。25 岁以下的消费者更加注重 SUV 的越野性能、动力性；对经济性关注程度最高的是 25～35 岁的消费人群；45 岁以下的消费者也比较注重动力性，且基本维持在 19% 左右。另外，不同年龄段的消费者对 SUV 的操纵性要求均不高。随着消费者的需求日益增加，各方面的性能均应得到很好的提示，厂商应针对市场适时做出相应的调整。

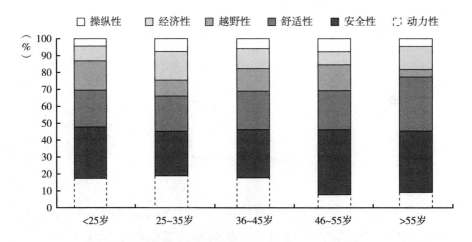

图 8　不同年龄段消费者对 SUV 性能要求对比

（五）进口 SUV 中，德系车优势较大

图 9 为消费者对于不同车系的进口型 SUV 的认可度分布。调查显示，消费者对德系 SUV 的认可度很高，比例达到 48%。对美系和日系 SUV 的认可度分别达到 25% 和 12%，也比较高。而对欧系（德法之外）SUV 的认可度仅为 5%，其他车系为 3%。

这种高认可度对于最早进入中国市场的德系车而言不足为奇。德国人严谨认真的性格早已深入人心，这种态度直接融入了他们的汽车设计观念，塑造了德系车坚实可靠的形象，德系车自然也就获得了比较高的认可度。再加上德系车近年加大核心技术的宣传，其本身在性

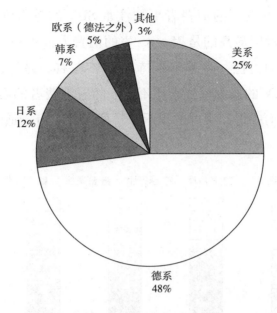

图9 消费者对各车系 SUV 认可度

　　能、油耗及安全性方面保持相对均衡，且欧洲的安全测试采用的是世界上最为严格的标准。种种突出的优势使德系车备受青睐。

　　作为 SUV 发源地的美系 SUV，在一阵低迷之后又经过较长一段时间的准备，其竞争实力也日益增强。相对于德系而言，美系车大气，空间设计趋向于实用化，耐用程度高，但油耗普遍较大，同等级别的车辆价位也较高。近年来随着消费者对全路况 SUV 的需求日益增大，美系 SUV 凭借其强悍的性能占据了较大的市场份额，这对一直领先的德系车造成了一定的冲击。

　　日系 SUV 一直凭借时尚的外形和燃油经济性备受市场认可。2015 年是日系 SUV 全面回暖的一年，日系车企除了针对不同消费者群体推出不同类型的 SUV，还抓住消费者越来越理性的消费心理，更加注重对价格、质量以及油耗的综合考虑，这使得日系 SUV 的市场份额持续上升。

（六）消费者对于国产 SUV 的认知度

图 10 为被调查者对于国产 SUV 的认知度排行。调查显示，长城哈弗稳居该榜榜首，约被 92.19% 的受访者所熟知，广汽传祺紧跟其后，为 82.57%，宝骏和长安分别为 77.14%、73.90%。超过 50% 的品牌还有众泰（70.26%）、大众途观（65.35%）、北京现代（51.64%），50% 以下的有东风日产（41.19%）、陆风（35.32%）、东风本田（33.38%）、江淮（29.29%）、比亚迪（23.79%）。值得注意的是，SUV 认知度最高的前 5 位都是自主品牌，这与国内 SUV 的市场表现较为一致。

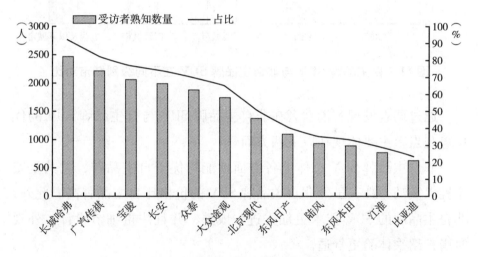

图 10　国产 SUV 知名度排行

（七）自主品牌 SUV 与非自主品牌 SUV 相对比，优劣势明显

图 11 是不同级别城市的消费者在购买 SUV 时，选购非自主品牌与自主品牌的比例。调查显示，随着城市发展水平的提高，消费者选

择非自主品牌 SUV 的比例也呈上升趋势。除五线及以下城市的消费者选择自主 SUV 的比例超过 50% 以外，其他均低于 50%，可见非自主品牌 SUV 总体较受欢迎。

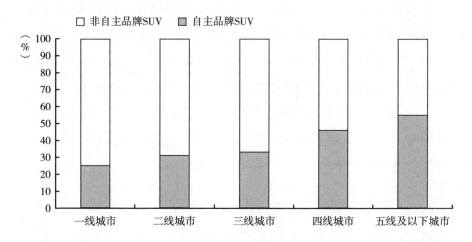

图 11　自主品牌 SUV 与非自主品牌 SUV 在不同级别城市对比

通过调查发现，消费者在非自主品牌 SUV 与自主品牌 SUV 的优劣势观点上主要体现在以下两方面。

非自主品牌 SUV 总体上各方面性能均优于自主品牌，尤其是安全性以及动力性，虽然非自主品牌 SUV 的价格比自主品牌高。此外，非自主品牌的 SUV 技术更加先进、成熟，并且注重细节设计，外观时尚，驾乘体验更舒适。

自主品牌 SUV 最大的优势就是性价比高，其价格对于一般收入的消费者家庭而言都是可以接受的，另外其配置也要比同等价格的非自主品牌 SUV 高。当然也有消费者秉着支持国货的想法，更愿意选择国产 SUV 品牌，同时自主品牌在技术等方面的进步也是有目共睹的。

另外，由于该调查显示的是消费者未来的选择趋势，从数据看，自主品牌 SUV 面临着非自主品牌 SUV 带来的巨大的竞争压力。

（八）对于现有 SUV，消费者期望改进的地方仍较多

消费者针对现有的 SUV 存在的问题和需要改进的地方也提出了宝贵的意见和建议，图 12 为消费者提出的建议分布情况。有 72% 的消费者认为现有 SUV 的耗油量较大，65% 的消费者认为 SUV 的质量或安全系数有待提高，51% 的消费者认为现有 SUV 车型价格偏高，44% 的消费者认为外观和内饰有待改进。

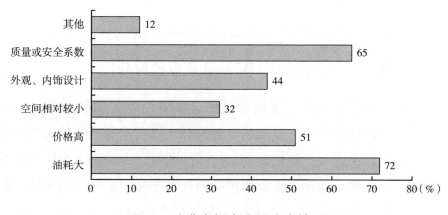

图 12　消费者提出建议分布情况

（1）耗油量较大：SUV 车型油耗较大是一个不争的事实，也是一个不容忽视的问题。面对人们环保意识日益增强，以及燃油紧缺的现状，耗油量成为人们最关注的因素。

（2）部分车型价格偏高：同等级别、同品牌的 SUV 的价格普遍比轿车高，这与 SUV 的性能、制造成本有一定的联系。因此在保证驾驶安全的前提下，要降低价格，只有更广泛地运用新技术。

（3）安全系数有待提高，性能有待完善：现有汽车安全系数提高不少，但是安全系数仍然是不少消费者关注的问题。SUV 相对于轿车而言，底盘较高，稳定性相对较低。此外，相比同样级别的轿车，SUV 的车身重量更大，在配备相同型号的轮胎和制动系统的情

况下，制动距离比轿车更长。因此人们比较关注 SUV 的安全系数。不过，SUV 的座位相对较高，驾乘者视野较好，也有利于降低事故发生的概率。因此在 SUV 上越来越多的配备了 ESP 等电子控制装置，来提高安全系数。

（4）外观设计和内饰都有待提高：针对国内消费者的喜好，如"气派""大"等，厂商应对 SUV 的外观和内饰做相应调整。

除此之外，在转弯的时候稳定性不理想、一些车型的视野仍不够开阔、目前车型以城市 SUV 为主、失去了 SUV 的越野性能、一些车型进口到中国后配置降低等问题还有待解决。

（九）国民对新能源 SUV 的认识有待提升

汽车产业作为国民经济的支柱产业，不仅与人们的生活息息相关，而且是现代社会不可或缺的重要部分。以石油为燃料的传统汽车产业的发展，在为人类提供便利、舒适的同时，也加剧了国民经济对化石能源的依赖，加深了能源生产的消耗和产品消费之间的矛盾。近年来随着资源和环境的双重压力的持续增大，以及政府的大力推广，新能源汽车也越来越多地出现在人们的视野中，并且越来越多地被人们关注，新能源汽车的发展指引着未来汽车产业的发展方向。

现如今，随着新能源汽车的推广，消费者对新能源汽车的了解、认知程度也有所提升，但依然有一部分消费者对新能源汽车不太了解，对于是否购买新能源汽车作为乘用车的问题，更多的消费者持观望的态度。

调查显示，有意愿购买新能源 SUV 的消费者占比，整体上随着城市级别的降低而呈下降的趋势，并且除五线城市及以下以外，一线至四线城市有意愿购买新能源 SUV 的消费者占比均高于50%（见图13），这与国家的大力推广和人们对新能源汽车的认识提高直接相关。从年龄分布来看，35 岁以下的消费者超过50%，其中 25 岁以下的消费者占比为24%，25～35岁的消费者占比为30%，可见年青一代比较关注和了解新能源汽车（见图14）。

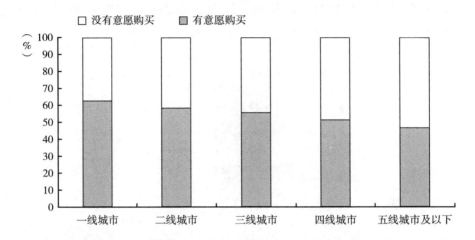

图13　不同级别城市消费者购买新能源 SUV 的意愿分布

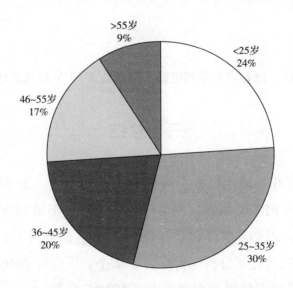

图14　有意愿购买新能源 SUV 的消费者的年龄分布情况

　　有意愿购买新能源 SUV 的消费者选取新能源 SUV 车型的驱动类型的比例如图15所示。消费者对混合动力 SUV 的接受度最高，占

73% ；15% 的消费者选择插电式混合动力；12% 选择纯电动。由此可见，大多数消费者对单纯由新能源提供动力的汽车信赖度不高。而且，消费者对享有政府大额补贴的纯电动车和插电式混合动力车的接受程度要比混合动力车低得多，这不得不令人深思。

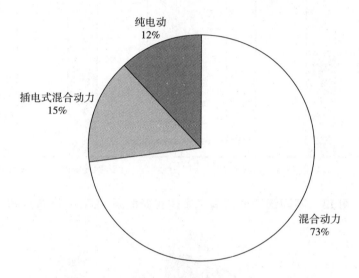

图 15　消费者对不同驱动类型新能源 SUV 的选取比例

三　总结

　　本次调查在不同地区、不同消费人群中展开，对消费者二次购车、购置 SUV 的考虑因素、注重的性能、对各车系 SUV 认可度，以及国产 SUV 品牌的知名度和新能源 SUV 等方面进行了分析，并对现有 SUV 的问题进行了分析。旨在为各车企、厂商在 2016 年及以后的市场研究和消费者购置 SUV 等方面提供相关参考。

　　相比轿车，SUV 凭借其空间大、性能高、功能多、动力性好等特点备受关注，更凭借其时尚的外观设计成为彰显个性、追求自由的载体。近年来其销量稳步增长，背后的原因值得我们思考。通过对

SUV 市场进行深入了解，可以更加明确 SUV 的市场需求和消费者的喜好，这对于我国未来 SUV 的发展具有很重要的意义。

首先，随着我国经济的快速增长，家庭收入稳步增加，社会传统观念和人们的生活习惯发生变化，女性的话语权进一步扩大，女性越来越多地成为购车人群中的主力，这将在某种程度上影响以后整个 SUV 市场的私人消费群体的走势。因此，汽车生产商对女性的购车消费习惯应持续关注，并随时做出调整。

其次，从我国目前汽车市场的消费结构来看，轿车仍是我国乘用车消费的主要车型，然而消费者对 SUV 的偏好日益增强。随着国内汽车产业的快速发展，首次购车高峰未尽，二次换购的高潮也将来临，厂商应抓住此次重大机遇，准确定位消费市场，在 SUV 的车型、性能、售后等方面做出努力，从而更好地迎合市场的需求。

再次，通过前几部分对 SUV 的市场分析可以发现，2015 年三、四线城市的 SUV 市场表现良好，部分地区超过 10%，这将促使企业更加注重下级市场的开发，随着车企营销力度的增强，未来三线以下城市的市场增长潜力将得到进一步的释放，这对于在四、五线城市认可度较高的国产自主 SUV 而言，是一个很好的契机。因此国产 SUV 应加大力度开发下级市场，持续推动渠道下沉，并结合自身优势，赢得市场。

最后，在政策的扶持下，消费者对新能源车的了解有所加深，但在各种制约因素下，我国之前大力度推广新能源车的效果并不十分理想，因此普及新能源汽车仍任重道远。2015 年国家出台了一系列新能源发展的相关政策，明确提出了对新能源汽车数量上的要求，这也将从侧面推动新能源 SUV 的发展。

展望未来，各种先进汽车技术在 SUV 上的广泛运用将使 SUV 产品更加舒适、环保和安全，更加符合购车者的要求。我国 SUV 企业只要能够从市场需求出发，准确把握发展的新趋势，在推进新产品的自主创新方面做出努力，就一定会在未来的市场上不断取得突破。

案 例 篇

Case Studies

B.13
长城哈弗的产品与技术成长

摘　要：　本报告主要介绍了长城汽车的品牌塑造背景、成长历
程以及它在各个时期具有代表性的产品。以长城哈弗
产品为主线，用大量的事实展现了哈弗 SUV 从最初的
"懵懂"到逐渐"成熟壮大"的过程。从已经不太为人
知晓的哈弗 CUV、哈弗 H3 到畅销产品哈弗 H6、哈弗
H2，再到高端产品哈弗 H8、哈弗 H9，以及最新出品
的哈弗 H7，本报告全面细致地介绍了每代产品的背
景、定位、技术特征和对当时市场造成的影响，展示
了长城汽车整体向上的冲劲，以及在中国 SUV 行业中
越来越重要的地位。

关键词：　长城　哈弗　技术进步

一 品牌背景

哈弗是长城汽车在 SUV 领域里的自有品牌。长城汽车是长城汽车股份有限公司的简称。长城汽车的前身是长城工业公司，是一家集体所有制企业，成立于 1984 年，公司总部位于河北省保定市。多年来，长城汽车以"每天进步一点点"的经营理念，在激烈的竞争中脱颖而出。

长城汽车是中国首家在香港 H 股上市的整车汽车企业、国内规模最大的皮卡 SUV 专业厂、跨国公司。截至 2013 年 12 月 31 日，长城汽车总资产达到 526.05 亿元。旗下拥有哈弗、长城两个品牌，产品涵盖 SUV、轿车、皮卡三大品类，拥有 6 个整车生产基地、80 万辆的产能。下属控股子公司 30 余家，员工 60000 余人。到 2015 年产能扩充到 180 万辆，具备发动机、前桥、后桥等核心零部件自主配套能力。

2012 年，中国车企在欧洲合资设立首家车厂，中国长城汽车股份有限公司与保加利亚 Motors 汽车公司在保加利亚合建的车厂正式投产。该车厂的主要市场集中在罗马尼亚和土耳其，之后从东欧逐渐向北欧拓展，进入瑞典和挪威，接下来再打入英国市场。

2013 胡润民营品牌榜，长城汽车以 68 亿元品牌价值，排名第十九位。

二 发展历程

长城汽车成立于 1984 年。1991 年，魏建军开始担任长城工业公司的董事长兼党委书记。当时的长城汽车工业公司效益不佳，企业略微亏损。魏建军坚持正确的领导方向，带领"长城"人艰苦奋斗。

1996 年 3 月 5 日，第一辆长城迪尔皮卡下线，长城汽车工业公司成为专业皮卡生产企业。同年，"每天进步一点点"被确定为长城汽车的核心理念。1997 年 10 月 12 日，第一批长城皮卡出口中东。

1998 年 2 月，保定长城汽车公司有限公司率先通过了 ISO 国际质量认证，成为国产皮卡车和河北省汽车行业的第一家。1998 年 6 月，长城工业公司改制为股份制企业。1998 年底，长城皮卡销量首次位居全国皮卡市场第一。

1999 年，按销量及产量计，长城汽车在国内皮卡车市场排名第一，之后产销连年翻番，增长速度惊人。1999 年第一万辆皮卡下线，将中国皮卡推向了热销高潮。1999 年底在国内同行中首家推出了四种底盘、五种不同规格的皮卡，成为国内品种最多的皮卡专业厂，有力带动了全行业的发展。

长城汽车从 2000 年开始从事整车配套的汽车零部件生产。2000 年初成立长城华北汽车有限公司。下半年成立保定长城内燃机制造有限公司，引进国际先进技术，生产"长城牌"多点电喷发动机，年产能 8 万台。

2001 年，通过 2000 版 ISO 认证。

2002 年 5 月 26 日，长城赛弗 SUV 批量上市。

2003 年 5 月 19 日，长城汽车工业园落成。2003 年 12 月 15 日，长城汽车成为国内首家在香港 H 股上市的民营汽车企业，发行价为 13.3 港元，上市首日最高价达到 22 港元。总体来说，长城汽车股价表现活跃，成交量较大，股价常常大幅波动，这在允许做多做空的香港股市，是投资者喜欢的品种。

2004 年 8 月 28 日，长城汽车入选中国企业 500 强。

2005 年 3 月 6 日，长城汽车 10 万辆生产基地竣工，哈弗 CUV 投产。2005 年 7 月 1 日，长城汽车 20 万辆轿车生产基地奠基。

2006 年 8 月 25 日，长城汽车与德国博世公司联合开发的 2.8 升 INTEC 柴油发动机下线。2006 年 7 月 24 日，长城汽车被授予"国家出口整车基地"称号。2006 年 9 月 3 日，长城哈弗 CUV 销往意大利，创造了中国自主品牌批量出口欧盟的纪录。2006 年 12 月 18 日，长城汽车风骏皮卡下线，国内首款全球版高端皮卡诞生。

2007 年 10 月 12 日，长城汽车技术中心被纳入国家级企业技术中心名单。2007 年 10 月 29 日，20 万辆乘用车基地投产；长城精灵轿车、嘉誉 MPV 下线；新 LOGO 全球发布。2007 年 11 月 7 日，长城轿车资质获得批准。

2011 年 9 月 28 日，长城汽车在 A 股上市，上市首日跌破发行价，之后一段时间小幅回调至 10.23 元（2011 年 12 月 6 日），然后反转，股价一路缓慢攀升至 2013 年 2 月 20 日的 31.50 元，与最低价相比增长 2.08 倍。在 A 股市场，长城汽车属于沪深 300 指数成分股，同时还是融资融券标的品种，允许做多做空，交易十分活跃。

截至目前，长城已是国内皮卡和经济型 SUV 行业中保有量最大的品牌。在众多的品牌中，长城汽车以较高的性价比赢得了全国执法部门的青睐。每年近万辆的长城汽车被各地的质量监督、公安、政法、工商、公路、电信等系统选为公务专用车。在同行业中，是集团采购和执法部门装备最多的品牌。

长城汽车出口的国家和地区达 100 余个，而有营销服务渠道、批量出口的国家和地区有 60 多个。随着长城汽车技术研发创新能力的增强和海外运作的成熟，长城汽车的出口将向全方位纵深发展，技术输出、海外客户管理、强化售后服务已成为今后发展战略的重点，形成了稳固的国际营销网络。

长城汽车以稳健经营而著称，已连续多年创造了高增长的业绩。

三 产品进化之路

（一）长城赛弗

人们对长城汽车 SUV 的了解从赛弗开始。

2002 年，国内第一款经济型 SUV 赛弗上市。20 世纪 90 年代末，中国市场上的 SUV 价格较高，均价为 30 万~40 万元。当时若推出一款高性价比的 SUV 定会畅销，看到商机后，长城汽车决定进军经济型 SUV 领域。同时，开发经济型 SUV 也是为了改变长城汽车只能下乡不能进城的历史。

赛弗诞生后，很多国内的汽车生产厂家看到了这个市场的潜力和高利润，纷纷进入。同时，一些合资企业也开始降低 SUV 的价格，切诺基为了争夺市场还专门研发了 2500 车型，价格压到了 14 万元左右。长丰猎豹也开始降低 SUV 的售价，引起了一阵降价热潮。这也就是所谓的"赛弗现象"。

（二）哈弗 CUV

哈弗 CUV 诞生于 2005 年，当时自主品牌 SUV 的好车型还不是很多，只有奇瑞瑞虎比较有名。在主流市场上，合资品牌的 SUV 占据较大的份额，同年的车型有三菱帕杰罗、现代第一代途胜、改款后的第一代国产 CR－V，还有高端的凯迪拉克 SRX。

在与众多强手的竞争中，哈弗 CUV 有自己独特的魅力。与长城以往的车型相比，哈弗 CUV 在当时已经显示了巨大的进步。它的工艺质量已经超出了人们当时对一辆经济型 SUV 或民营企业的预期。后视镜镀铬当时在国内很少运用。

哈弗 CUV 的漆面工艺和内饰材质在当时也是比较优秀的，但车内气味方面的问题当时并没有得到很好的解决。哈弗 CUV 采用了非承载式车身结构，离地间隙大，越野能力超越了当时已经开始流行的城市 SUV 车型。虽然哈弗 CUV 看上去粗犷彪悍，但真正开起来并不粗糙，起步、换挡和转向都比较柔和。

当年，哈弗 CUV 曾经登上过俄罗斯杂志的封面，国际影响力较大。

（三）哈弗 H3

市场青睐 SUV，因为 SUV 威猛大气、个性张扬。因为哈弗 CUV 出色的技术和耐用性，经过几年的畅销，得到了"国民 SUV"的称号。但是，10 万元以上的价格，仍旧让很多喜欢哈弗的消费者望而却步。于是，2009 年 4 月，长城汽车推出 2.0 升排量的哈弗 H3，弥补了长城 SUV 2.0 升排量的市场空白。哈弗 H3 凭借宽敞的空间、丰富的配置、杰出的安全性和极高的性价比，在上市期间赢得了众多客户的青睐，不仅让很多喜欢 SUV 的车主有了更多的选择，还吸引了众多轿车的潜在用户。

哈弗 H3 最初的价格区间为 8.98 万 ~ 10.98 万元，由于长城长期以来积累的良好口碑，H3 备受关注，还未上市便吸引了各方注意。很多人表示，哈弗 H3 的主要优势在于价格和配置。8 万余元的纯正 SUV，在国内还是首例。尽管国内不少厂家都推出了所谓的"SUV"，但是无论是底盘还是悬挂，都偏向于轿车，SUV 特征并不显著。而哈弗 H3 的 SUV 特征显著，技术过硬，给消费者提供了一个很好的选择。

哈弗 H3 延续了哈弗系列的高安全性、非承载式车身配置，有着欧洲 Euro NCAP 碰撞试验 4 星级的好成绩。另外，标配的双安全气囊、高版本的 ABS + EBD、四轮碟刹以及儿童锁、儿童座椅固定装置等，极大地保证了驾乘人员的安全。

哈弗 H3 具备轿车的舒适性和多功能车的实用性，匹配的 2.0 升动力和出色的低速性能在同级别市场中优势突出。哈弗 H3 实在的价格，结合它在安全性、经济性、外观、空间等方面的亮点，成为小排量 SUV 市场中的"第一性价比"标杆。

（四）哈弗 H5

因为哈弗 H3 面市时间太长，长城需要一款更年轻的产品，因此哈弗 H5 欧风版应运而生，并于 2011 年 6 月上市。头部的设计是哈弗 H5 欧风版的亮点，头灯的设计非常锐利，尾部还增加了 LED 元素，整体而言，哈弗 H5 欧风版更加时尚，更适合在城市中驾驶。H5 欧风版的长度为 4649 毫米，轴距为 2700 毫米，和 H3 相差无几，这足以说明两款车的渊源。

内饰方面，哈弗 H5 欧风版较哈弗 H3 有了明显的改进，例如真皮的打孔方向盘手感就非常不错，另外高配车型配备的真皮座椅质地也比较柔软，坐起来比较舒服。

哈弗 H5 提供了 2.0 升和 2.4 升汽油发动机，以及一款 2.5 升柴油发动机。三菱 2.4 升 4G69S4N 自然吸气发动机最大功率为 100 千瓦，最大扭矩为 200 牛·米。而更多消费者可能会选择 2.0 升的发动机，其最大功率为 90 千瓦，最大扭矩为 170 牛·米。较低的排量会带来更低的油耗，也更适合日常在城市中使用。

（五）哈弗 H6

哈弗 H6 是长城涉足 SUV 领域的第三代 SUV 产品，它的出现改变了长城 SUV 的整体命运，影响深远。以前长城 SUV 是低端的代名词，但随着哈弗 H6 的出现，人们对长城产品的品质有了新的认识。

哈弗 H6 的设计不但得体，而且成熟。自哈弗 H6 下线以来，人们已经不再认为长城的设计是抄袭或没有品位的。它的外观和内饰可以让大多数人感到满意，一直以来销量居高不下也说明了这一点。除了设计水平外，哈弗 H6 在制造方面也有突飞猛进的发展。与同时代动辄几十万元的合资产品相比，哈弗 H6 在钣金工艺和装备水平上并不逊色，车内看不到毛糙切口，对缝隙宽度的控制水平已经达到甚至超越合资产品。长城汽车为哈弗 H6 制定了 5 年 10 万公里的超长保修期，这既是对用户负责，也可以看出长城对哈弗 H6 的信心。

与以往的车型不同，哈弗 H6 采用了全新的车型平台，改用更适合城市路况、舒适性更高的承载式车身。车身材料方面的甄选让人印象深刻，纵梁、横梁以及连接板等多处关键部位采用了双相高强度或低合金高强度钢板，同时车门的左右外门、尾门、发动机舱罩等部分采用了加磷高强度钢和烘烤硬化钢板。这些材料的应用让哈弗 H6 车身的冲压件更薄，降低了车辆自重，同时硬度不减，并进一步提升了车身外板的抗凹性。大量高性能复合材料的应用在保证安全性的前提下，有效实现了车身轻量化。

哈弗 H6 的装备水平在当时也是相当高的，以 10 万元中等配置车型为例，包含自动前大灯、自动无骨雨刷器、胎压监测系统、蓝牙系统、GPS 语言导航、带刻度的倒车影像等。如果再多花 1 万多元，还可以得到电动天窗、自动空调、具有前排电加热功能的真皮座椅。

在最关键的行驶功能部分，哈弗 H6 同样表现不俗。它的绕桩成绩超群，悬架对车辆的支撑到位，方向灵巧，后轮随动敏捷。即使拉上赛道，它也不"含糊"，弯中线路容易控制，没有过度的侧倾，出现侧滑后容易修正，不容易失控。它的制动成绩非常优秀，对比同时代的轿车也是佼佼者。制动过程不拖泥带水，稳定性好。哈弗 H6 使用了长城自己研发的涡轮增压发动机，走在了自主品牌动力发展的前列。发动机与变速器的匹配顺畅、合理。

（六）哈弗 H2

为了迎接 SUV 小型化浪潮，长城汽车在 2014 年 7 月推出了哈弗 H2 小型 SUV。它是国内首款采用百搭设计的车型，具有上下分色的车身配色，消费者可根据喜好自主选择。哈弗 H2 前脸外观上采用全新的哈弗家族脸谱，拥有大面积镀铬进气格栅设计显眼的车标及大嘴式前进气格栅，中网配以镀铬饰条进行修饰，整体车头感觉饱满大气，张扬而不失时尚感。前包围采用时下流行的运动款设计方案，菱形进气口下方凸出的两个棱角犹如两颗獠牙，带来强烈的运动感。侧面线条过渡流畅，并且采用双色搭配，这种配色在国内 SUV 中非常罕见。尾部遵循简洁美原则，没有花哨的装饰，一排"HAVAL"字样引人注目。

哈弗 H2 内饰采用全新的设计，比哈弗其他车型更时尚。哈弗 H2 比以往车型更注重内部材料的搭配，车内增加了大量的金属质感装饰以及高光的木质装饰，在视觉效果上高档了不少。新的仪表板很炫，中间使用彩色显示屏；多功能方向盘上换上了"HAVAL"的新标志；中控台上有一个大尺寸显示屏，支持 GPS 导航功能。整体内饰设计相对年轻，根据官方信息，该车在车身和内饰的二十余处位置提供多种颜色组合。哈弗 H2 是哈弗旗下的一款城市 SUV，并且轴距也控制在 2500～2600 毫米，属于典型的小型 SUV 车身尺寸。外观方面，前大灯加入 LED 灯组，双色组成的车身颜色凸显出这款车个性的一面。

哈弗 H2 全系标配了 1.5T 发动机，这在同级别中还是非常具有竞争优势的，同时这款发动机参数也十分抢眼，最大功率为 110 千瓦（150 马力），最大扭矩为 210 牛·米。与发动机匹配的是一台 6 速手动变速箱，目前仅有前驱版本车型，后续还会推出四驱版本以增强哈弗 H2 的竞争力。同时值得注意的是 235/55 R18 规格的轮胎尺寸。

由于设计得当，性能过硬，又顺应了当今的潮流，哈弗 H2 从上市至今持续热销，成为哈弗旗下继哈弗 H6 之后的另一款畅销车型，为长城出色的业绩做出了较大的贡献。

（七）哈弗 H1

在哈弗 H2 之后，长城又推出了更小一点的哈弗 H1。作为目前哈弗品牌旗下价格最亲民的小型 SUV，哈弗 H1 上市之初推出了 1.5 升排量的六款车型。车型之间的售价跨度不算大，区间为 6.89 万 ~ 8.29 万元。如果按配置来划分，可分为都市型、豪华型以及尊贵型。

哈弗 H1 的外观造型非常硬派，线条感清晰，迷你的车身尺寸让它看上去既可爱又时尚。它采用全新哈弗家族式前脸、高亮镀铬前格栅、横置镀铬格栅立体造型，比较适合年轻一族的口味。

在瑞风 S3、瑞虎 3 和长安 CS35 等同级别车型面前，哈弗 H1 的个子绝对可以称作小巧。但看中哈弗 H1 的消费者大部分都不会介意它迷你的"个子"，毕竟小也有好处，那就是方便停车以及可以在城市道路灵活穿梭。其他数据方面，哈弗 H1 的离地间隙为 185 毫米，接近角为 24 度，离去角为 27 度，具有一定的通过性。

H1 的内饰造型设计和外观一样，都特别适合年轻人的口味。值得一提的是，它提供了六种内饰配色，这是与其他车型相比的一大优势。另外，哈弗 H1 在选材方面也是比较讲究的，整体质感不错。

动力方面，哈弗 H1 采用 1.5 升全铝 VVT 发动机，最大功率输出 106 马力，峰值扭矩 138 牛·米。传动系统匹配 5 速手动变速箱和 6 速 AMT 变速箱。其中，AMT 变速箱的结构与常规的手动变速箱差不多，不过没有离合踏板，除了手动拨动挡杆换挡的方式外，还可像自动变速箱一样完全交由电脑换挡。

在哈弗家族里，哈弗 H1 的主要任务是成为年轻人的第一辆车。好看的造型、合理的定价以及丰富的配置是它的三大法宝，综合来看，它没有明显的短板，能力全面，性价比高。

（八）哈弗 H8

2013 年 11 月，哈弗 H8 在广州车展首次宣布上市。随后在组织媒体试驾过程中发现哈弗 H8 存在一些问题和不足，引起了长城公司高层的高度重视。他们认为哈弗 H8 是自主品牌中第一款冲击高端的产品，承载着业界的期望，必须完美无缺。2014 年 1 月，公司发布了推迟上市的说明。

经过 3 个月的改进，全面提升的哈弗 H8 于 2014 年 4 月在北京车展再次宣布上市。在向用户交付之际，哈弗 H8 被发现在高速工况下存在敲击音，公司高层在高环跑道上进行深入细致的试驾验证，证实了个别车型确有敲击音，产品质量的一致性存在问题。5 月 8 日，长城做出决定，再次宣布哈弗 H8 推迟上市。

为使哈弗 H8 不留下任何遗憾，长城公司组织国内外专家对部分哈弗 H8 存在的问题进行溯根求源，通过与国际零部件配套商采埃孚公司密切合作，找出了问题的根源：后桥主减速器合格率得不到保证，并随后提出了改进方案。

为此，相关人员对哈弗 H8 的后桥主减速器及相关传动系统进行重新匹配、优化，使整车状态达到最佳。整改后，哈弗 H8 解决了以前存在的高速敲击音以及加速、制动响应慢等问题。目前，哈弗 H8 路上行驶的稳定性和噪声控制给人留下了深刻印象，整体车身刚度也很好。质感非常好是 H8 给人的第一印象，超出了一般人们对自主品牌车型的认识。

总体来讲，哈弗 H8 算不上那种让人"一见钟情"的车。它有一种均衡美，表面的工艺处理以及面漆质量也为它增色不少。它的造型可以被绝大多数人所接受，不过分张扬却耐看，有一种高贵的气质。镀铬大嘴格栅是外观亮点，很有气势。

经历了一年多的整改，市场方面对哈弗 H8 依然充满期待。因为，它第一次把自主 SUV 提升到一个全新高度，且为了质量要求，敢于舍弃商业利益。哈弗 H8 作为自主品牌向上突破的 SUV 车型，意义重大。它的做工、材质等方面甚至超越同价位的合资车型。整体装备也不差，越野能力和空间也有一定优势。哈弗 H8 面临的最大问题是品牌影响力，这方面要向上突破需要一些时间。

（九）哈弗 H9

哈弗 H9 设计指导思想是以高科技装备、高性能设计为支撑，打造高品质产品，而不是罗列一些高配置。推出一款全尺寸、全地形、7 座、20 万元以上的超豪华 SUV，这在自主品牌中尚属首次。哈弗 H9 的设计研发由来已久，在某些方面的追求超乎人们的想象。

哈弗 H9 是自主品牌首次推出的高端强越野能力 SUV，装备了 50 万元以下车型罕见的全地形反馈系统。哈弗 H9 的内外做工已经达到了相当高的水准，无愧于"高端产品"的称号。外观上，各钣金件严丝合缝，漆面亮泽干净。内室各部件拼接细腻，材质很显高档。各按钮和手柄握持舒适，手感上佳，人体工学运用得也不错。某种程度上，哈弗 H9 改变了人们对国产强力越野车型粗放的刻板印象。

全地形 SUV 哈弗 H9 采用外刚内柔的设计理念，外形威猛阳刚。前格栅采用家族梯形大嘴式设计，中间用镀铬饰条增加横向扩张感。侧面采用短前悬、长后悬、倾斜腰线设计，增加了车辆整体动感气势。车尾背负式备胎（全系都可选择背负式或吊挂式备胎）设计增强了越野视感，拉伸了视觉长度，同时增强了车辆的通过性。

哈弗 H9 内室给人印象最深的是质感，印象中自主品牌 SUV 车型

还无出其右。哈弗 H9 使用的 GW4C20 是长城自主研发的一款 2.0 升涡轮增压缸内直喷汽油机。直列 4 缸、16 气门、排量 2.0 升。最大功率为 218 千瓦，最大扭矩为 324 牛·米，排放方面能达到欧 V 甚至更高的标准。

与哈弗 H8 一样，哈弗 H9 对哈弗品牌整体发展提供了有力的支持。哈弗在高端车型上的发力不仅表明长城有制造更高级别 SUV 的实力，而且体现了哈弗品牌建设的合理延续。

（十）哈弗 H6 Coupe

哈弗 H6 Coupe 被厂方定位为轿跑式运动型 SUV，所以在外观上向运动化风格的时尚设计靠拢。其前脸延续了哈弗第二代家族化设计风格，整体上车身线条简洁有力，车身下部还突出了 SUV 的力量感。六边形格栅透着大气，旁边的前大灯简洁大方，半圈 LED 的点缀也增添了一些时尚气息。车侧双腰线、轮辋和车顶造型醒目，与哈弗 H6 有较为明显的区别。车尾方形双尾排气管镶嵌在底部护板里，显得有档次的同时也比较厚重。

内饰的整体风格规整大气，前面板以横向扩展线条为主，中控台相当简洁，整合了影音娱乐和空调等功能。换挡杆座集合了许多功能键，中间是交互式控制键和旋钮，电子手刹取代了传统手刹，也让这部分总体更整齐。使用潜望镜式仪表盘是目前的流行趋势，中间屏幕显示的内容也比较丰富。方向盘为三幅式，中间有明显的哈弗标志。

整车的工艺比较精湛，漆面、钣金工艺不输于合资产品，各部分接缝整体上均匀细密。车内做工精细，局部材质选用相对其他部分有落差。车身刚度和装配方面值得表扬，在厂家设计的越野路段，虽然颠簸，但车身上下没有一点异响。

装备上有自动驻车和电子手刹，天窗巨大。适时四驱自动开启，不需驾驶员参与调节。配备盲点侦测系统、8 向电动座椅等豪华装备，全系标配 ESP、无钥匙进入与一键启动、蓝牙、定速巡航、双区自动空调、8 寸 TFT 屏 MP5 与 GPS 系统。博世智能安全系统、自动雨刷、多重安全警报系统等配置，让这款车显得高端、实用。

整车长宽高尺寸分别是 4549 毫米、1835 毫米、1700 毫米，轴距2720 毫米。整体尺寸比普通哈弗 H6 略小，但轴距有所增加。其车内前排空间一般，但后排腿部空间比较大，且后排地板几乎是平的，中间乘客的舒适性有保障。后排座椅可 4/6 分开放倒，车内储物空间比较大。

标配双前气囊，多数型号有 6 个气囊。ESP 是标配，除此之外，上坡辅助、陡坡缓降和胎压监测也是标配。整体上，哈弗 H6 Coupe的安全配置比较高。另外，哈弗 H6 Coupe 在非铺装路面上的表现也非常抢眼，在模拟的上下坡、枕木路和轮胎路上，是相当从容、自然的，体现了一定的越野能力。

发动机是长城自己的 4C20 机型，2.0 升直列 4 缸，双 VVT，缸内直喷带涡轮增压。最大功率 197 马力，最大扭矩 315 牛·米。动力指标不错，但还仅是低功率调校。变速器有两种，分别是 6 速手动和来自德国格特拉克的 6 速湿式双离合变速器。

在路上行驶，2.0T 发动机和 6 速湿式双离合变速器的动力组合显得很柔和。急加速的噪声不大，高速行驶风噪也不大，这对一款高大方正的 SUV 车型来说难能可贵。方向轻柔，但转向的感觉一般。动力匹配很成熟，动力衔接顺畅。手动挡车型的驾驶感也很轻松，离合点位置适中，很容易上手。换挡入位感不错，行程也在合适范围。路上强力刹车双蹦灯会闪烁，提醒后车注意。制动平稳、有力。悬架的调校感觉舒适，过弯的侧倾明显，底盘没有特别贴地的感觉。当然，这与车身较高也有关系。

13.98 万 ~ 17.18 万元的指导价整体上比哈弗 H6 更贵，但哈弗 H6 Coupe 在个性化方面显得更强烈些。在装备与动力系统方面，哈弗 H6 Coupe 也更有优势。在普通哈弗 H6 销量的基础上，哈弗 H6 Coupe 很容易受到关注。它在动力系统匹配、制造水平上日臻成熟，其价位也逐渐向主流区间靠拢。

（十一）哈弗 H7

哈弗系列的较新车型是哈弗 H7，它曾在 2015 年上海车展亮相，将在 2016 年 4 月开幕的北京车展上上市。从此前曝光的申报图看，新车预计同时推出红标、蓝标两种外观风格的车型以及 7 座加长版的 H7L 车型。该车在延续哈弗最新家族式设计的同时，对细节进行了改进，提升了整体视觉效果。按照惯例，长城汽车预计还会为哈弗 H7 提供"双标"车型，其中悬挂红色 LOGO 的车型代表经典豪华，悬挂蓝色 LOGO 的车型则代表时尚运动。动力方面，新车将搭载型号为 GW4C20A 的 2.0T 发动机，其最大功率为 170 千瓦，最大扭矩为 350 牛·米，与之匹配的是 6 挡双离合变速器。

哈弗 H7 和 H7L 两款车定位为中型 SUV，采用红蓝标战略。哈弗 H7 和 H7L 所处中型 SUV 市场中，目前自主品牌中涉足该领域的 SUV 车型相对空缺。比亚迪 S7 作为中型 SUV 市场中的一员，产品性价比以及品牌名誉度得到消费者认可。未来哈弗两款中型 SUV 上市后会与其展开竞争，就风格而言，哈弗红蓝标的设计风格可以满足不同喜好的消费者，倘若上市时售价方面再进一步优化，其市场竞争力会较强。

哈弗 H7 的车身尺寸为 4677 毫米、1911 毫米、1702 毫米，轴距为 2850 毫米。而哈弗 H7L 则为 7 座加长版。外观方面，该车与此前亮相的哈弗 H7 概念车造型高度一致。其前脸采用头灯与进气格栅相连的设计，使车头更具一体性。车尾造型则延续了哈弗家族的设计，带有贯穿车身左右的镀铬装饰条，其双边双出的尾排提升了车尾的运动气息。

四　未来展望

在中国 SUV 市场上，哈弗已经成为一面旗帜。其产品众多，覆盖面广，涵盖小型、紧凑型、中型和大型 SUV，这其中有城市 SUV、强力越野型 SUV 和混型 SUV。可以说，在国内市场上，还没有其他品牌有这么全的产品线。同时，哈弗的销量也是其他品牌望尘莫及的，仅哈弗 H6 一款就长期占据国内 SUV 销量的榜首。

自红蓝标战略推行以来，哈弗的产品线进一步扩大，最大限度地满足了不同消费者的需求。也就是说，消费者在不同级别的车型中，都能找到比较适合自己风格的产品。近年来，哈弗产品品质不断提升，产品线向高端延伸，这些都推动哈弗品牌不断发展。

长城汽车本身也在不断强化自身的技术实力，高水平、高起点的技术中心以及专用试验场地的建设弥补了原来的不足，同时为今后车型的开发奠定了良好的基础。长城汽车已经不再是徘徊于主流之外的小企业了，它已经成为自主品牌的巨人，在国内外市场都有巨大影响力。

未来长城汽车还会不断推出各个级别、高水平的 SUV 产品，未来产品的卖点也不仅仅是性价比、装备水平，而且会凸显品质、性能和格调。同时，在可预见的时间段内，作为国内 SUV 领先者，长城汽车的地位很难被撼动。

B.14

长安汽车的发展基础及研发体系

摘　要：　长安汽车是有着深厚底蕴的企业，它的历史可以追溯
　　　　　到洋务运动时期。经过多年的发展，长安汽车拥有了
　　　　　深厚的基础，建立了遍布各地的研发体系。以长安汽
　　　　　车工程研究院为依托、以多年形成的质量管理体系为
　　　　　保障，长安汽车的产品在自主品牌车型里赢得了非常
　　　　　好的口碑。虽然长安汽车介入 SUV 市场并不太早，产
　　　　　品线也不是特别丰富，但长安汽车的各个产品都能独
　　　　　当一面。特别是紧凑型 CS75，无论是在口碑还是在市
　　　　　场销量方面都有相当不错的表现，也为长安汽车未来
　　　　　的发展奠定了基础。

关键词：　长安汽车　基础深厚　研发体系

一　长安汽车的前世

长安汽车的历史可追溯至清末洋务运动时期。1862 年洋务运动
发起人李鸿章授命英国人马格里和中国官员刘佐禹在上海松江城外一
所庙宇中创办了上海洋炮局（长安汽车的前身），当时雇用 50 名工
人，主要制造炮弹等一些军火。上海洋炮局于 1863 年更名为苏州洋
炮局。1865 年李鸿章升任两江总督，把苏州洋炮局迁到南京，改名
为金陵制造局，成为当时最大的兵工厂。金陵制造局曾在多次抵抗外

国侵略者的战争中起到重要的作用。1929 年，金陵制造局改隶兵工署，并更名为金陵兵工厂。1937 年，抗战全面爆发，金陵兵工厂被数次轰炸。金陵兵工厂历时 3 个月西迁重庆并恢复生产，更名兵工署第 21 兵工厂（以下简称 21 兵工厂）。在抗日战争中提供了弹药 3000余吨，手榴弹 30 万余发和各类枪械约 50 万支，是整个抗战期间最大的兵工企业。全体职工同仇敌忾，向抗战前线输送了 60% 的枪支弹药，为抗战胜利做出了不可磨灭的贡献。

新中国成立之后，21 兵工厂于 1951 年 4 月 2 日更名为国营长安机器制造厂。随着世事变迁，它先后经上海、苏州、南京迁至重庆，距今已有 150 多年的历史，横跨 3 个世纪，历经沧桑。1957 年，200多名工人在资金不足、没有机床和模具的情况下，以威利斯 M38A1为基础，历时 3 个月，于 1958 年终于试制出中国第一辆吉普车——长江牌 46 型吉普车，并参加了 1959 年国庆阅兵仪式。该车型于 1963年底停产，累计生产 1390 辆，停产后将技术资料转交北京汽车制造厂（后来的北京吉普）。1983 年，第一辆长安车的试装工作完成，至此中国最有价值的小型车品牌"长安"诞生。

二 公司上市

重庆长安汽车股份有限公司（以下简称"长安汽车"）以长安汽车（集团）有限责任公司（以下简称"长安集团"）作为独立发起人，以其与微型汽车及发动机生产相关的经营性净资产及其在重庆长安铃木汽车有限公司的股权，折为 5.0619 亿股投入，并于1996 年 10 月 31 日以募集方式向境外投资者发行境内上市外资股（B 股）2.5 亿股而设立，总股本为人民币 7.5619 亿元。长安汽车领取重庆市工商行政管理局颁发的渝经 28546236－3 号企业法人营业执照。

1997 年 5 月 19 日，经中国证券监督管理委员会同意，长安汽车向社会公开发行人民币普通股（A 股）1.2 亿股。

2005 年 12 月，长安汽车的最终控股公司中国南方工业集团公司（以下简称"南方集团"）以其全资子公司长安集团持有的长安汽车普通股 850399200 股（占长安汽车股份总额的 52.466%）作为对中国南方工业汽车股份有限公司（以下简称"南方汽车"）的部分出资，南方汽车因此成为长安汽车的母公司。经中国证券登记结算有限公司深圳分公司于 2006 年 3 月 30 日登记确认，长安集团所持长安汽车的国有法人股已过户给南方汽车。

2009 年 7 月 1 日，经国家工商行政管理总局核准，长安汽车的母公司中国南方工业汽车股份有限公司更名为中国长安汽车集团股份有限公司（简称"中国长安"）。随后，长安汽车关联企业的股权关系也进行了调整。

三　长安汽车的今生

长安汽车拥有 154 年的历史底蕴、33 年的造车经验积累、9 万名员工全球 12 个生产基地、32 个整车及发动机工厂，年产销汽车 295 万辆，是中国四大汽车集团阵营企业、最大的中国品牌汽车企业，也是唯一一家乘用车年产销过百万辆的中国品牌车企。

长安汽车坚持科技创新，力图打造中国最强大且持续领先的研发能力。长安汽车在全球范围内拥有研发人员 1 万人、高级专家 400 余人、15 个国籍的员工，先后 13 人入选国家"千人计划"，居中国企业前列；在重庆、上海、北京、意大利都灵、日本横滨、英国伯明翰、美国底特律建立起全球研发格局，实现 24 小时不间断协同研发；建立汽车研发流程体系和试验验证体系，确保开发的每一款产品都能满足用户使用 10 年或驾驶 26 万公里的需求。长安汽车科技研发实力已连续 8 年居中国汽车行业第一。

长安汽车秉承"美誉天下、创造价值"的品牌理念，提供令消费者满意的产品和服务。现已成功推出 CS 系列、睿骋系列、逸动系列、悦翔系列、欧诺系列、欧尚系列等经典产品，产品质量完全达到合资产品水平。现在，每天有 8500 余名用户选择长安汽车，37% 用户由合资转移而来。长安汽车已连续 9 年实现中国品牌销量第一。

长安汽车坚持"节能环保、科技智能"的理念，大力发展新能源汽车和智能汽车，力争 10 年内推出 34 款产品，累计销量达到 200 万辆，成为国际先进、国内一流的新能源汽车企业。当前，长安汽车已掌握智能互联、智能交互、智能驾驶三大类 60 余项智能化技术，特别是长安汽车 2000 千米超级无人驾驶创造了中国整车企业无人驾驶测试的最长纪录。

长安汽车积极寻求全球合作伙伴，成立长安福特、长安铃木、长安马自达、长安标致雪铁龙、江铃控股等合资企业，并向合资企业输入中国品牌产品，成为中国汽车行业唯——家向合资企业输入产品的车企，开创了合资合作的新模式。

四　全球研发体系

长安汽车的车型依托已形成的全球研发体系，该体系主要包括重庆研究院总部、上海工程研究院、北京研究院、欧洲设计中心、日本设计中心、英国研发中心、美国研发中心等。

长安汽车研究院总部最初名为长安技术中心，于 1995 年 8 月成立。2003 年更名为长安汽车工程研究院，2010 年 7 月又改名为汽车工程研究总院，也就是现在的长安汽车研究院总部。上海工程研究院于 2004 年 9 月 21 日正式成立，为长安汽车提供专业的汽车工程化设计、专项服务支持，并作为集团公司吸纳国际人才的基地。北京研究

院于 2010 年 4 月 17 日正式成立，主要从事汽车先进技术研究、新能源技术研究、高端产品研发，支持长安汽车华北基地的技术研发工作。哈尔滨研究院与江西研究院也于 2010 年 4 月 17 日成立。

在海外布局上，长安汽车于 2003 年在意大利都灵成立了第一个海外汽车研发中心。该研发中心主要利用意大利乃至欧洲的汽车设计、开发方面的优秀人才，汲取先进的设计理念和方法，以外形开发为主，在欧洲为长安汽车进行造型研究、车身开发、汽车内外饰件的研究和开发等方面的活动，并与当地的有关公司、学校进行合作，建立长安汽车的培训基地，为长安汽车培养相关的技术人才。日本设计中心是长安汽车成立的第二个海外研发中心，位于神奈川县横滨市，以内饰设计为主。英国研发中心于 2010 年 6 月在诺丁汉正式成立，以动力系统研发为主要方向，利用英国本土优越的发动机和变速器研发资源，加强长安汽车动力传动系统的研发和生产。2011 年 1 月 18 日，长安汽车美国研发中心在"汽车城"底特律正式成立。该中心集美国百年的汽车技术优势，专攻底盘技术。

从 2003 年到现在，长安汽车形成了以重庆研究院的总体规划、系统集成，意大利的造型设计，日本的内外饰和精致工艺，英国的动力总成制造，美国的底盘技术支持，上海的人才优势和车身工程，北京的政策法规研究为依托的全球研发体系，实现 24 小时不间断协同研发，有效利用全球的人才、时间、技术和文化资源，为长安汽车打造世界一流的自主创新能力奠定了坚实的基础。

五　发力 SUV 市场

（一）试水之作——CX20

2010 年 11 月初，长安汽车推出了 CX20。尽管被普遍认为是一台跨界车，但 CX20 依旧被长安汽车划分到 SUV 的范畴。长安 CX20 车身尺寸为 3900 毫米×1710 毫米×1615 毫米，轴距为 2450 毫米，比传统意义上的小型车尺寸略小。其内部乘坐空间还不错，离地间隙也要比一般的轿车大。CX20 的外形是由日本和欧洲设计中心联合设计的，原创性较强。外形大气硬朗，整车线条清晰干练。前大灯造型时尚，拥有当今最流行的"眉毛"设计，增加了整车的活力元素。近光灯采用透镜设计，展现了大灯的神韵。后尾灯的流线型设计增加了整车的动感和时尚感，与整车搭配自然大方。内室中，三副方向盘上配有炫酷的镀铬装饰与娱乐控制系统，中控台的操作界面个性化十足，宽大的门把手更增添了一份厚重感，拥有较大的收纳空间。动力性能与燃油经济性方面多项指标已接近或超过合资品牌车型，所搭载的 1.4 升长安 "BLUECORE" 动力品牌发动机百公里油耗 5.6 升。

（二）首款 SUV——CS35

2012 年，逸动的成功仿佛强心剂一般，给了长安汽车莫大的信心。长安汽车在设计、研发、生产等方面的大力投资得到了可喜的回报。小型 SUV 市场正在悄然崛起，以别克为首的合资品牌开始向市场推出小型 SUV 车型，消费者的关注焦点也逐渐向该领域转移。小型 SUV 以良好的实用性、不输紧凑型轿车的乘坐空间、上乘的灵活性和操控性逐渐成为中国消费者第一辆家庭用车的首选。长安汽车也适时推出了旗下真正意义上的首款 SUV——CS35。

CS35 定位于小型 SUV。在众多合资和进口品牌纷纷采用家族式设计风格的风潮下，目前还没有太多自主品牌具备明显的家族风格，当然这并不意味着 CS35 的设计没有特点。CS35 的整体设计由长安欧洲设计中心的团队完成，并且由意大利设计师 Dambrosio Luciano 亲自操刀，这让 CS35 颇具都市运动风格，很好地诠释了 CS35 的定位和年轻的风格。鹰眼式晶钻大灯、镀铬前进气格栅、双叉铝合金轮辋等

细节均经过多种设计方案的反复比较才最终选定。

CS35 的内饰采用包裹式太空舱设计方案，黑色内饰搭配银色装饰条显得年轻时尚，立体悬浮式中控台布局合理，三副运动方向盘也显得美观大方。就 CS35 内饰的整体表现而言，各项元素实现了很好的共融，整体效果在自主品牌中处于中上游水平。

在做工与用料方面，出于成本考虑，整个中控台和门板的大部分区域都采用硬塑料覆盖，但塑料均经过特别的纹理加工，并没有普通塑料那种廉价质感，可以看出长安汽车在细节上费了番心思。方向盘采用真皮包裹，并且在其后方设计了指槽，握感很好。中控按钮的做工在自主品牌中可谓优秀，只是空调旋钮的挡位还不够清晰。

相比于很多自主品牌 SUV，CS35 的配置并不算丰富，目前比较流行的一键启动、座椅电动调节、自动大灯等配置均没有在它身上找到，不过诸如博世 9.0 版 ABS + EBD、天窗、IN CALL 智能系统、随速雨刷、定速巡航、隐藏式后排出风口等实用配置却罗列在 CS35 的配置单上。也许，只选对的不选贵的才是长安 CS35 的配置理念。

IN CALL 智能系统的应用是 CS35 的一大亮点。这套系统以手机为纽带，通过手机与车载智能终端进行蓝牙、Wi-Fi 连接，实现一键导航、影音娱乐、票务预订、酒店预订、道路救援，甚至可以处理交通违章。目前，IN CALL 还不能与行车电脑互联，所以无法实现远程查询车辆故障，或是在车主忘带钥匙时，帮助车主远程开启车门等功能。

CS35 的车身尺寸为 4160 毫米 × 1810 毫米 × 1670 毫米，轴距为 2560 毫米，比同平台的逸动稍小，大部分自主品牌 SUV 的车身尺寸要比 CS35 略大。但是较小的车身并没有太影响 CS35 的驾乘舒适性，在保证驾驶员空间的情况下，后排乘客仍然可以拥有一拳到两拳的腿部空间。CS35 的行李厢也不算大，不过后排座椅可以四六比例放倒，有效拓展了储物空间，同时，CS35 车内储物格的设置也较为丰富。

在安全配置方面，CS35 装备了全套 TRW 公司的刹车制动系统、前排上下可调预紧限力式安全带、后排防压迫三点式安全带、博世 9.0 版 ABS + EBD、BAS 辅助制动装置、四轮碟刹等，综合实力表现不错。唯一的遗憾是后排中间座椅位置缺少头枕。

CS35 搭载了全新一代 Blue Core 1.6 升 DVVT 全铝合金发动机，最大功率为 125 马力，升功率高于 77 马力，升扭矩达 103 牛·米，在国内自然吸气型发动机中处于较高水平。虽然该发动机动力的调校数据非常好，但 CS35 的动力输出显得不急不缓，从 2000 转/分升挡到 3000 转/分没有太大区别，应付日常城市道路问题不大，但在起伏的山路上和高速超车时会显得动力储备不足。2016 年 2 月，搭载长安自主研发的 1.5 升四缸涡轮增压发动机车型正式上市。该发动机可输出 156 马力、215 牛·米的动力，相比市场上同级别竞争对手，该发动机的数据也比较抢眼，与之匹配的是 5 挡手动变速箱。全新的涡轮增压发动机在动力上较 1.6 升自然吸气发动机提升明显，爆发力也要强不少，提速显得比较从容。

发动机噪声控制技术配合整车 NVH 性能为 CS35 营造了一个安静的车内氛围，38.5 分贝怠速车内噪声较绝大部分自主品牌 SUV 低了不少（行业平均水平为 50 分贝），即使高速行驶也不会影响车内人员轻声交谈。前麦弗逊后扭力梁的悬架组合整体调校更偏重于舒适性，带有电子助力的转向也比较轻盈。尽管 180 毫米的离地间隙足以应付一般沙石路面，但它仍然更适应城市公路。

CS35 所搭载的 Blue Core 高效 H 系列发动机在节能方面表现不错，自然吸气车型 6.8~7.2 升的百公里综合油耗甚至可以与轿车媲美。另外，CS35 的养护成本也并不高，在同级车中有着不错的竞争力。

CS35 是长安汽车的第一款 SUV 车型，对于长安汽车来说它的重要性不言而喻，从内饰做工到全新动力系统等各个方面，都能看到长

安汽车的用心。7.89 万～9.89 万元的售价与自身配置方面并不是 CS35 的优势；都市中舒适的驾乘体验，享受安静与平稳才是其最大亮点，凭此，CS35 在目前同级车市场中有着较高的综合性价比。

（三）一炮走红——CS75

2014 年北京车展，长安汽车正式推出了挑战哈弗 H6 的紧凑型 SUV——CS75。

长安 CS75 的造型风格在硬朗中显精致，狭长的前进气格栅辅以带有长安 LOGO 的镀铬装饰条与头灯融为一体。梯形下进气口有哑光金属装饰，与前脸造型和谐统一。发动机盖和腰线凸起的棱线展示了适度的肌肉力量。侧面的视觉效果也非常协调，线条丰富、层次分明，在自主品牌车型当中别具一格。当然，从整体设计效果来说 CS75 还是体现了很好的设计功力，长安家族的设计元素开始慢慢呈现。

CS75 的内饰风格也很有格调：三副多功能方向盘、多功能显示屏、竖直的空调出风口等辅以大量镀铬装饰。这种设计方式符合大多数消费者的审美观。相对于这个车型的定位来说，这些设计恰到好处地表现了其大气和精致。从挑剔点来看，CS75 有些装饰过度，在视觉上存在某种不协调，不过总体设计还是非常不错的。

在制造环节，CS75 也带来了与众不同的感受。作为 10 万元出头的城市 SUV，做工用材方面超出了价格的预期，装配水平较高，细节处理也不错。除了某些局部稍显粗糙，整体上还是体现了企业的造车功力。

CS75 的舒适性配置非常丰富，主要有一键启动、泊车系统、定速巡航、自动空调、3.5 英寸高清彩色多功能行车电脑显示、7 寸高清彩色触摸屏、语音导航等，在细分市场属于领先水平。

CS75 是长安第二款 SUV，4650 毫米车长、1850 毫米车宽、1695

毫米车高的车身尺寸显得相当挺拔。2700 毫米的轴距造就了宽敞的头部和后排腿部空间，它的后排高度达到了 966 毫米，最大后排腿部空间为 951 毫米，后排宽度达到了 1494 毫米，在紧凑型 SUV 中具有领先优势。此外，它的储物空间设计非常合理，中央扶手箱容积巨大，各种储物格可以轻松放置随身物品，590 ~ 1560 升的行李厢空间也非常宽裕。CS75 在空间表现上完全可以满足日常需求。

CS75 的安全配置也非常丰富：设计了高刚性车身结构、前排安全气囊、前排侧气囊、侧气帘；除了一款车型外，其他都按标准配备了 ESP、TCS 牵引力控制系统；还有液压制动辅助系统、坡道起步辅助系统、电子控制减速系统；还有胎压监测、6 雷达泊车辅助系统、盲区可视系统等。操控稳定性表现一般，180 公里/小时操控稳定性测试在 96 公里/小时左右。总体上，CS75 的安全性在细分市场中还是相当出色的。

CS75 有两种动力配置，分别为 2.0 升自然吸气和 1.8 升涡轮增压发动机。涡轮增压发动机最大功率 177 马力，最大扭矩 230 牛·米，搭配 6 挡自动变速器。CS75 在技术上顺应了当今动力系统的潮流；在实际表现上，动力的释放比较一般，驱动超过 1.6 吨的车辆略显吃力。

CS75 营造了非常好的驾乘氛围，视野出色，乘坐舒适。动力表现则一般，前麦弗逊后多连杆式的悬架系统对于路面颠簸的过滤比较出色，转向很轻，在城市中驾驶轻松方便。

CS75 涡轮增压车型的综合百公里油耗为 8.8 升，从数字上看比较一般，对于这样一款前驱 SUV 来说在可以接受的范围。长安汽车在国内的服务网点众多，而且成本控制出色，使用、养护成本较低，这是它吸引消费者的一个重要因素。

CS75 拥有漂亮的造型、宽敞的空间、相对出色的制造工艺以及非常丰富的配置，而售价只有 10 万元出头，在中国汽车市场具有相

对突出的性价比，吸引了众多的消费者。长安汽车对于研发的投入力度很大，产品从设计、制造到售后服务等方面都有相当不错的保障，这也使得 CS75 的销量不断增加，进而提升了长安汽车的品牌价值。

（四）入门新贵——CS15

CS15 是长安汽车最新的入门级小型 SUV，继续开拓了小型 SUV 市场。CS15 车身尺寸为 4100 毫米×1740 毫米×1635 毫米，轴距为 2510 毫米，比 CS35 略小。CS15 共有四款车型，售价区间为 5.79 万~7.39 万元。尽管售价十分低廉，CS15 却体现出十足的精致范儿。其外观最大的特点是用户可根据喜好选择不同的车身颜色、车顶颜色、拉花图案以及轮圈样式。内饰采用家族化设计风格，做工水准比同级别车型更好。CS15 搭载了一台 1.5 升四缸自然吸气发动机，可输出 107 马力、145 牛·米的动力，匹配 5 挡手动变速箱。动力够用，驾驶感受轻松惬意。为了应对市场需求，后期还将加推双离合版本。CS15 在配置上，除最低配置外其余车型均配备了电子稳定系统，值得肯定。CS15 保证了品质感、配置水平和驾驶品质，在 5 万~8 万元的小型 SUV 市场掀起了个性化的浪潮。长安汽车的产品品质表现得越来越自信，也越来越游刃有余。

六　未来展望

长安汽车乘用车旗下目前共有四款 SUV，分别为 CS75、CS35、CX20 以及 CS15。长安汽车将每年销售收入的 5% 用于自主研发，目前长安汽车已在重庆、上海、北京、意大利都灵、英国诺丁汉、美国底特律、日本横滨建立起全球化研发体系，自主研发实力在自主品牌中首屈一指。长安汽车产销已经突破 1000 万辆，销量增速也是数一数二的。在累积了多年的乘用车制造经验后，长安汽车新车型的成熟度和先进性越来越好，已经形成了自己的特色。

从 2016 年 2 月的销量数据来看，CS35、CS75、CX20 的月销量分别达到 1.41 万辆、1.69 万辆和 0.28 万辆。其中 CS35 和 CS75 的销量排在各自细分市场的前几位，也是长安乘用车的明星产品。事实证明，在设计研发领域肯投入的企业终将获得应有的回报，CS35 和 CS75 用成功的市场表现证明了这一点。

综观长安汽车的 SUV 产品线，车型较少仍是长安汽车所面临的首要问题。在目前市场划分越来越细的大趋势下，仅靠一两个明星产品打天下的时代已经过去了。最新的 CS15 向更便宜、更个性化的入门级 SUV 领域延伸；CS95 概念车展现了长安汽车敢与合资品牌叫板的设计实力，这款品牌旗舰型 SUV 预计在 2017 年第一季度上市。随着产品线逐渐丰富、产品力进一步增强，长安汽车在 SUV 领域的发展前景也必将一片光明。

B.15
江淮汽车出色的转化能力

摘　要：　江淮汽车有着深厚的基础和技术功底，其商业车在国内具有一定地位。随着21世纪的到来，汽车市场结构发生了很大变化。江淮汽车积极向乘用车领域渗透，反映了其灵敏的市场嗅觉，这同时也是其技术转换能力强的体现。在乘用车方面，江淮的切入点就是SUV车型。从最初的瑞鹰，到城市SUV瑞风S5，江淮的发展紧跟市场步伐。在发展过程中，江淮汽车在SUV领域取得关键性的技术突破。随着小型SUV瑞风S3的面市和热销，江淮也一举奠定了其在国内SUV市场中的地位。

关键词：　江淮　市场嗅觉　技术转换

改革开放后，江淮汽车借助市场放开的机遇出口轻型载货车；20世纪90年代大型客车市场需求旺盛，江淮汽车推出中国首个专用客车底盘；随着市场化改革的进一步深化，江淮汽车在A股上市。正是因为敏锐地捕捉到市场先机，每一次江淮汽车都实现了自身的发展壮大。

一　江淮企业的历史发展

（一）创业（1964～1990年）

1964年5月20日，巢湖汽车配件厂成立，后改名为江淮汽车制造厂。

1968 年 4 月第一辆江淮牌汽车面市。

1990 年汽车产销不足千辆，销售收入仅有 3000 万元。企业陷入谷底，举步维艰，许多人都失去信心。而留下来的创业者们仍然坚守着自己的梦想，在夹缝中寻找生机，在产品上寻求突破。

（二）转折（1990~1996 年）

第一次战略转型：重点发展客车专用底盘，适时发展整车。1993 年 10 月 28 日江淮汽车年产突破万辆，进入安徽工业企业 50 强。

延安整风：奠定了企业可持续发展的思想基础，并促进了学习型组织的创建。

渐进式变革：奠定了企业可持续发展的动力基础，并形成了"1358"理论。

（三）发展（1996~2006 年）

"站在巨人肩膀上与巨人同行"：通过技术创新不断推出新产品；通过管理创新不断引入国际标准；通过机制创新不断进行体制变革。

把企业变成一所"学校"：向一切可以学习的人学习，向一切可以学习的事学习。

建设共同家园：让每个人有机会成全自我。

构建"三个系统"：组织中的成员在工作中活出生命的意义。

（四）超越（2006 年至今）

2006 年 5 月 27 日《JAC 宪章》颁布，标志着江淮汽车已由一个人人参与到学习中的组织，演化为组织作为一个整体进行学习。第二次战略转型：由单纯的商用车企业转向商用车和乘用车并举的综合型汽车企业；由以赚取制造利润转向同时赚取技术和品牌利润；由以国内市场为主转向国内、国外两个市场并重。

品质 JAC：把品质作为责任，视品质如同生命，靠品质获得尊严，以品质塑造品牌，实现由中国制造向打造中国品牌的跨越。

"十二五"发展目标：力争实现销量 160 万辆，销售收入达 1000 亿元。

在家用车开始普及的浪潮中，江淮汽车又一次抓住了时机。2002年瑞风上市一炮打响，拉开了江淮汽车进入乘用车市场的序幕。随后五年里，瑞风品牌陆续升级换代，为 2007 年江淮汽车大举进军轿车市场积累了丰富的经验。宾悦和瑞鹰的试水，以及紧凑型轿车和悦品牌的诞生，更加坚定了江淮汽车由单一制造商用车转型为"商乘并举"的综合型汽车企业的信念。乘用车厚积薄发，立足国内，并在全球多个重点的战略市场实现了有力突破，成绩斐然；商用车瞄准国际一流行列，不断巩固和强化竞争优势；两大业务板块蒸蒸日上，奠定了江淮"中国品牌"的品质新形象。

这一战略转型可谓以小博大，精心设计好的每一步使江淮汽车走得十分通畅。随后，2012 年，安进出任江淮汽车董事长，再一次寻找市场突破，进行自上而下的改革，迎来了汽车销量的再度跃升。

在国内汽车市场增速放缓日益明显，市场压力越来越大的情况下，江淮汽车果断提出：以客户满意度为抓手，直面客户，听取意见，全面升级客户关系管理系统，及时对消费者和经销商进行跟踪，尽最大努力实现最佳的用户体验。面对内部和外界的重重障碍，江淮汽车以客户满意度为考核一切工作执行效果的闭环。在敬客经营、服务销车、关爱员工的经营理念之下，安进董事长的蜕变式改革，使管理效率和员工的积极性大幅提高，公司上下焕然一新。

二　对于中国 SUV 市场的起步和发展如何做战略性判断和布局

SUV 在中国市场的兴起，要追溯到十多年以前。在汽车私人消费启动之初，可供选择的 SUV 种类并不多，直到 21 世纪初长城赛弗、中兴等多款新车型推出，这一市场才逐渐受到关注，属于 SUV 的时代悄然来临。

由于油价的持续攀升、汽车消费税调整以及排放要求等多种因素影响，2006 年国内 SUV 市场遭遇了比往年更严厉的考验。作为国内著名的自主品牌，江淮汽车在商用车领域有着重要的地位，而在乘用车方面，尽管瑞风始终有着不错的销量，但是没有一款真正意义上的轿车或者 SUV 车型作为支持，江淮汽车始终无法成为乘用车自主品牌中的主角。作为一个力求发展的汽车厂商，江淮自然不会满足，为了在乘用车领域有更大的突破，江淮在很早以前就计划推出一系列轿车、SUV 来补充自己的乘用车队伍，瑞鹰责无旁贷地担负起开路先锋的责任，最先推向市场。

与奇瑞、吉利这样白手起家的自主品牌不同，江淮在其商用车时代始终与韩国现代有着良好的合作关系，因此无论是在质量工艺上还是在管理体系上，江淮都从韩国合作伙伴那里学到了不少有用的技术，而这对于它发力进军乘用车市场无疑是最大的优势。作为进军乘用车市场的敲门砖，瑞鹰的市场表现十分重要，因此江淮选择了最理想的方式，以现代成熟的 SUV SantaFe 为基础进行自主研发。

瑞鹰采用了全新车标，尽管前脸、车尾等部位都在韩国设计师的帮助下进行了大规模的修改，但是仔细观察依然能够看到 SantaFe 的影子。而车内的情况就不同了，双色内饰配上中控台的金属拉丝面板很有质感，仪表盘的布局也重新进行了调整。最引人注目的还是中控台上方的电子罗盘，包括气压、海拔、方向等参数都可以在上面显示，这多少有一些硬派越野车的味道。此外，瑞鹰的配置也十分丰富，带有距离显示的倒车雷达、自动恒温空调以及全景天窗都是消费者喜欢的。无论是外观的视觉效果还是坐在车内的感受，都能使用户明显地感觉到瑞鹰的确是一辆"大"车，车内空间十分宽敞，后排

座椅放下三个成年人没有任何问题。而挡把、手刹、中控台按钮等操作部件设计得也很合理，瑞鹰的后备厢空间同样十分宽敞，在宽敞之余，像后备厢地板下的分类储物格这些人性化的小设计也让人觉得很受用。

瑞鹰采用瑞风的 HFC4GA1 发动机，这是一款江淮自主研发的发动机，而其雏形同样是来自现代的 G4JS 发动机。双顶置凸轮轴以及多点顺序燃油喷射等技术在同级别自主品牌车型中都是比较先进的。而 100 千瓦、193 牛·米的动力指标对于瑞鹰这样一个大家伙来说也够用。相比它庞大的身躯，瑞鹰方向盘的转动十分轻便，而且轻盈的感觉并没有降低车辆应有的路感。地面上的碎石带来的振动能够很明显地传递到手中的方向盘上。尽管在车速较快的情况下，依然能够清晰地感觉到前轮的指向，从而做出合理的操作。在越野路段上，瑞鹰的全时四驱系统在性能上比哈弗柴油版的"硬派"四驱系统要稍逊一筹，但其整体表现依然很不错。尤其是在松软的碎石路上，瑞鹰的车轮始终与地面保持着有效的附着力。当时它最高配车型的售价 13.98 万元。

第一代瑞鹰 SUV 属过渡产品，产品开发没有连续性，市场销量一直上不去。2005 年，江淮汽车在瑞风、轻卡、客车底盘"三驾马车"快速发展的同时，开始着力布局乘用车业务。由于没有轿车生产资格，2006 年，江淮汽车推出首款 SUV 瑞鹰。瑞鹰新推出时，市场反响还不错。2007 年 1 月 22 日，江淮汽车拿到国家发改委颁发的轿车"准生证"。此后，公司迅速开始轿车业务的布局，先后推出宾悦、和悦、同悦、悦悦四个品牌，并拓展了新能源汽车业务。这导致瑞鹰 SUV 的开发没有连续性，车型老化，销量也逐步萎缩。

第二代瑞鹰 SUV 纯粹是江淮自主开发的。江淮汽车自 2009 年开始开发第二代瑞鹰 SUV，精益求精，精雕细琢；于 2012 年 4 月北京车展展出；于 2012 年底广州车展准备量产，推向市场。

江淮新瑞鹰 SUV 造型优美，市场反应很好。江淮汽车董事长安进曾说："从瑞鹰二代起，江淮 SUV 的发展就具有连续性了。"江淮汽车具有充足的技术积累，满足市场对江淮 SUV 持续创新的需求。从发动机方面看，公司具有成熟的 2.0TCI 汽车发动机技术，该发动机曾获"中国十佳最佳发动机奖"。目前该款发动配臵在瑞风 MPV 二代和瑞鹰一代上。2012 年 4 月，江淮瑞风二代和瑞鹰一代同时搭载乘用车用涡轮增压缸内直喷柴油发动机 1.9CTI，该发动机动力强劲，市场反应很好。

江淮汽车 SUV 产品循序渐进，将改进现有产品和推出新产品并举。全新 SUV 瑞风 S5 于 2013 年 3 月 19 日上市后，市场认可度较高，一改瑞鹰 SUV 销售低迷的局面。

三 将技术优势转化在 SUV 生产的研发制造上

核心技术一直以来都是自主品牌与合资品牌之间最大的差距，与许多自主品牌放弃技术争夺，转向低价换市场这条"省力"路线不同，江淮一直以来都坚持提升自主研发实力和技术水平。从最直观的数据来看，仅 6 速 DCT 变速箱一项，江淮就为其申请了 34 项技术专利。这套"白金传动系统"的综合性能优异，不仅在数据上超越了众多合资车型同级别动力系统，并且在耐久性、节油性等方面也做到了领先。

搭载 1.5TGDI + 6MT/6DCT 的瑞风 S5 "白金传动系"车型是江淮第一次将自主研发的"白金传动系统"与二代平台技术结合打造的最新成果。1.5TGDI 汽油发动机实现了缸内直喷、增压中冷和 DVVT 三大技术的完美结合，功率扭矩则达到 120 千瓦、251 牛·米，动力可达到市场主流的 2.4 升汽油机水平。变速箱匹配 6DCT/6MT，

传动效率高达 96%，综合油耗可满足第三阶段燃油消耗限值，相较原 2.0T 车型综合降低 20%，优于一般 1.5T 车型。

这里不得不提瑞风 S5 这款车型，作为江淮乘用车品牌旗下首款城市 SUV，瑞风 S5 继承了江淮车型的诸多元素。在自主品牌中，江淮是少有的注重家族化特征设计的品牌。瑞风 S5 的车头具有丰富的层次感，进气格栅、大灯、雾灯与江淮旗下的一些轿车风格一脉相承。尾部圆润厚实，LED 尾灯是点睛之笔。全车周围采用大面积黑色塑料护板，不仅可防止轻微剐蹭和泥水飞溅，还令视觉观感更加野性。

江淮瑞风 S5 的内饰设计比较大胆，尤其是复杂的线条和鲜活的颜色搭配，十分高端且富有质感。整个中控台被一个波浪状的金属质感装饰条承托，各个功能按键旋钮尺寸适中，旋钮采用滚花工艺，而中控台周边还选用钢琴烤漆贴片，带来良好的视觉感受。仪表盘采用双炮筒式设计，内部信息显示清晰，行车电脑显示屏尽管只是单色显示但内容丰富。江淮瑞风 S5 的内饰设计感较强。

江淮瑞风 S5 的主要配置包括中央彩色大屏幕、导航、蓝牙电话、真皮方向盘、行车电脑显示屏、自动大灯、后视镜电动调节等，这些都是全系标配。天窗、皮质座椅、后视镜加热、后视镜电动折叠、感应雨刷、分区空调、后座出风口也出现在大部分车型上，顶配车型还配备了全景天窗、座椅加热功能、氙气大灯、内后视镜自动防眩目、自动空调等。

瑞风 S5 的车长和轴距分别为 4475 毫米、2645 毫米，在同级别车型中偏小，不过其内部乘坐空间表现不错，前排头部空间尤为出众。后排地板中央有一块较小的凸起，并不太影响后排中央乘客的乘坐。储物空间设计比较常规，挡杆前方储物格、挡杆后方杯架、中央扶手箱、两侧门板、顶部眼镜盒、门板封死的拉手、手套箱等，没有明显缺失。瑞风 S5 的行李厢容积为 505~1100 升，在功能性上表现良好。后排座椅放倒后能形成几乎全平的地板。行李厢地板有一个大号的网兜，能对易滑动的物品起到良好的固定作用。

瑞风 S5 获得了 C－NCAP 碰撞测试的五星评价，安全性能值得信赖。它全系标配前排双气囊、胎压监测、倒车雷达、自动大灯等，大部分车型装配了前排侧气囊、ESP、上坡辅助、陡坡缓降、前雷达、倒车影像等，顶配车型还有氙气大灯、侧气帘和膝部气囊。另外，瑞风 S5 全系轮胎宽度均达到 225 毫米，对车辆可控性和稳定性有所帮助。

瑞风 S5 的人机工程设计良好，无论是方向盘角度、踏板和挡杆位置还是中控台按键的大小和布置，都为驾驶者提供了舒适体验。它驾驶起来十分轻松，各个踏板力度较轻，手动变速器挡位清晰还带有一定的吸入感，转向系统几乎隔绝了所有路面回馈，方向盘力度非常轻。除此之外，动力系统输出线性，能带来不错的驾驶体验。瑞风 S5 的底盘采用前麦弗逊式、后多连杆式悬架结构，调校偏软，转弯时侧倾稍显明显，但正常行驶时具有良好的乘坐舒适性，悬架吸收振动的能力较强。噪声方面，瑞风 S5 对底盘噪声隔绝较好，而发动机噪声则过多地传入了车厢内。瑞风 S5 的机械匹配比较完善，驾驶宽容度很高，较轻的方向盘力度方便女士进行低速泊车等动作，整体属同级较优秀的水平。

作为江淮首款城市 SUV，瑞风 S5 的内饰设计感上佳、配置比较丰富、驾驶轻松、较易上手，是一款不错的家用 SUV。江淮很快会大面积普及 1.5 升涡轮增压发动机和双离合变速器，这将使瑞风 S5 车系的竞争力大为提高。

四　重要 SUV 车型的开发案例

作为 SUV 阵营的热销代表，第二代瑞风 S3 不仅稳居小型 SUV 销量冠军，而且为江淮 SUV 阵营赢得了好口碑。

2014 年，小型 SUV 的市场容量相当大。而且，合资品牌车型并未进入小型 SUV 领域，瑞风 S3 在 7 万 ~ 8 万元价格区间的对手并不多，竞争并不激烈。年轻消费群体成为车市消费的主力军，小型 SUV 更加受到年轻消费群体的偏爱。中国汽车市场逐步呈现"去家轿化"的趋势，瑞风 S3 的产品力与同级别轿车相比更加有优势。

"易驾" SUV 瑞风 S3 是江淮乘用车中期调整后的首款车型，是江淮深耕 SUV 市场的先锋，更是江淮的战略级新车。瑞风 S3 将会是江淮力挽销量狂澜的主力军。

瑞风 S3 的畅销，秘诀就是产品开发过程中最大限度地吸纳了目标用户群体提出的意见，进行了数十轮的改进和调整，以至于整整推迟 8 个月才投放市场。据瑞风 S3 设计总监朱忠华介绍，瑞风 S3 样车曾在全国 15 个地区同时接受目标消费群体的试乘试驾，根据他们提出的 270 多个问题进行了全方位改进。比如车辆后视镜，本来是严格按照国家标准设计的，但消费者在试驾时觉得视域范围不够。设计团队根据消费者的建议进行了改进，因为消费者需要的不是标准，而是更好的消费体验。

在产品研发之初，江淮对全国 25 ~ 30 岁的年轻人进行了深入调研，并根据他们心目中的汽车形象，打造出瑞风 S3 的雏形。在瑞风 S3 首次亮相后，江淮从更多方面收集了车友反馈，及时做出针对性调整，最终瑞风 S3 诞生了。而低至 6.58 万元的价格让年轻人自由出走的梦想变得更近。

此外，瑞风 S3 善于运用江淮已有车主、潜在车主，在论坛、已有车主群中，邀请活跃用户参与新车测试，积极听取反馈进行产品优化，培养品牌忠诚度，鼓励人们积极传播正面口碑，形成有利于新车型口碑的传播格局。以市场需求为技术创新的导向，将产品设计、研发、制造等过程都"锚定"在客户满意度上，是制造业企业提升产品竞争力应当遵循的基本路径。

瑞风 S3 可以算是标准的小型 SUV，前中网保持了江淮家族经典的"宝瓶口"设计，搭配的镀铬饰条及蜂窝式格栅显得年轻、有活力。光带式 LED 日间行车灯加强了整车的时尚感。新款车型前牌照框位置也进行了调整，雾灯组增加了镀铬装饰。尾部设计相比车头要低调不少，线条圆润饱满，流线型车身与车尾造型之间过渡和谐流畅，动感十足，车侧与车尾下方的镀铬饰条，意在提升整车档次，新款后保险杠部分有所改变。

瑞风 S3 内饰的设计使车内显得活泼、亮丽，符合年轻人口味。仿照豪华品牌的风格，内饰效果以及座椅的缝线设计等类似高级车的品位。甚至连前排的空调出风口也采用了双色设计。中控台采用分层设计，银色装饰条将上下区域分隔开来，为整车增添了不少活力。双炮筒型仪表盘蓝白相间，清晰明快。新款瑞风 S3 增加了后排中央扶手、中央头枕等。

瑞风 S3 的 7 英寸中央多媒体显示屏为触摸屏，支持手写输入，包含了蓝牙电话、胎压监测、导航等功能，在实际使用中触碰效果十分灵敏。中控板下方设有 AUX、USB 以及 12V 电源装置，USB 除了为设备充电外，还支持第三方音乐播放。相对于同级车来说，车身稳定系统的配备很丰富。

瑞风 S3 提供了宽裕的头部空间，即使 1.85 米的大个子驾乘者，也不会感到压抑。由于是小型 SUV，瑞风 S3 的腿部空间则不像头部那样宽裕。600 升的行李厢空间超越同级，后排座椅支持 4/6 分割放倒，但放倒后与行李厢地面有较大落差，对存放物品的便利性产生了一定影响。中控台上方设计了一块储物空间，可以放置手机等物品，为防止物品滑落，还特意设计了倾角。瑞风 S3 还在驾驶员位置的左侧上方设计了眼镜盒，设计很贴心。

瑞风 S3 装备了 ESP 车身稳定控制系统、TCS 牵引力控制系统、独立数显的胎压监测系统以及 6 安全气囊等配置，全面保障驾乘人员

安全。此外，瑞风 S3 还配备了 HSA 上坡辅助系统，在坡道起步时，驾驶员施加的制动压力可自动持续保持 2 秒左右，此配置可有效防止溜车，对于手动挡车型有着很强的实用性。

动力方面，瑞风 S3 搭载了一台 1.5 升发动机，最大功率 113 千瓦，最大扭矩 146 牛·米，加速过程稍显缓慢，但输出还算平顺。分别采用了 5 挡手动、6 挡手动以及 CVT 无极变速器。瑞风 S3 油门响应直接，驾驶起来非常轻快。转向在低速时很轻巧，EPS 电子助力转向的表现不错，当车速提升时，方向盘也变得越来越沉稳。

瑞风 S3 百公里平均油耗为 5.9 升，在同级车中，属于较高水平。江淮汽车为瑞风 S3 的发动机、变速箱、车身三大总成提供 5 年或 20 万公里超长质保。遍布全国的上千家售后服务店可为瑞风 S3 车主提供周到、便捷的售后服务，并且，瑞风 S3 拥有较经济的养护成本。

除了相对成熟的造型设计，操作轻便，经济性良好，瑞风 S3 还有着典型的家用车特征，并且其售价在同级车中相对较低。另外，无论是乘坐空间还是行李厢容积都有较为突出的表现，中高配车型还有着不错的配置清单。无疑，这是一款适合日常代步的车子。再加上超过 200 毫米的高离地间隙，偶尔的郊外出游也不会有太大压力，瑞风 S3 受到市场欢迎绝对在情理之中。

另一款小型 SUV 瑞风 S2 也值得一提。瑞风 S2 车身尺寸为 4135 毫米、1750 毫米、1550 毫米，轴距为 2490 毫米，比瑞风 S3 小了一圈，是款标准的小型 SUV。它的外形设计虽没有瑞风 S3 那么出色，但看起来很协调，设计趋于成熟。红色卡钳、LED 日间行车灯是比较有特点的细节。比较令人欣慰的是瑞风 S2 的内饰设计，简洁、利落，并没有很多自主品牌内饰中的一些刻意的、形状奇怪的元素。内饰的配色也比较活泼，三种撞色搭配很符合年轻的定位。

配置方面，ESP、胎压监测、大尺寸电容屏、北斗双模定位导航等是亮点。瑞风 S2 依旧搭载瑞风 S3 上的 1.5 升自然吸气发动机，动力输出为 113 马力、146 牛·米，匹配 5 挡手动或 CVT 无级变速器。瑞风 S2 行李厢容积为 450 升，最小离地间隙达到 200 毫米，实用性有所保证。中控部分多媒体系统功能比较齐全，尺寸较大的触摸屏反应速度极佳，基本可以做到零延迟。此外，1.5 升自然吸气发动机动力虽说波澜不惊，但用在瑞风 S2 这样的小型车上还是能从容应对城市驾驶的。各踏板的力度较轻，离合器结合有个区间，容易做到顺畅起步。起步时轻抬离合器发动机会有一定的补油动作，对手动挡操作不够娴熟的人来说十分利好。

五 面对中国 SUV 市场火爆现状的思考与判断

早期中国的自主品牌以造型和技术上仿制合资品牌的成熟车型为主，很难脱离其原型车的影响，再加上自主品牌品质低劣的形象，频频遭遇销售危机。近几年，随着自主品牌自身研发能力的增强和对产品品质的改进，自主车企在消费者心中的地位逐步提升了，以江淮汽车为代表的自主品牌，正以全球化的视野努力扭转以往自主品牌低端仿制者的形象，以整合全球资源造"世界车"，品质不断向国际化水准靠拢。

"80 后""90 后"年轻人逐渐成为汽车消费主体，他们更偏好SUV 车型，加上我国三、四线城市的 SUV 市场潜力仍在释放，整个SUV 市场空间依旧很大。年轻消费群体扩充，不同年龄段的消费者需求在加速分化，SUV 市场会进行更深入的细分，江淮以瑞风 S3 服务较为理性的"85 后"人群，以瑞风 S2 服务注重颜值、智能的泛"90 后"人群，这样精分的产品组合能更好地服务市场。

产品的品质和质量会决定其在消费市场的前途。2010 年 10 月，江淮汽车成功摘得我国汽车质量领域的最高奖项——"全国质量奖"，成为自主品牌车企中首个获此殊荣的企业。为了从根本上保证

质量，不仅从产品上狠抓，高标准、严要求，同时在产品体验层面上，也加强了产品质量管控。"作为地方国企、民族品牌的自主品牌，江淮视品质如同生命，扎扎实实地关注品质，实践卓越绩效模式在全国是少见的"，专家组如是评价。此后，江淮汽车引入了国家《卓越绩效评价准则》，采用 AUDIT 质量评审体系，推进全员 QC、六西格玛活动。目前，江淮汽车已建立了全面覆盖的质量体系标准管理的架构，"品质 JAC"始终贯穿车辆研发制造全流程。这也体现在江淮不断推出的新款 SUV 车型上。2015 年，江淮汽车先后推出第二代瑞风 S5、第二代瑞风 S3、全新瑞风 S2，不断完善 SUV 谱系。江淮将整合现有产品优势，不断加强新品研发、服务升级来保持市场竞争力。目前，第二代瑞风 S3、全新瑞风 S2 在 SUV 市场都有不错表现，口碑基础好，相信 2016 年小型 SUV 市场依然会是江淮乘用车有足够领先优势的细分市场。

在过去的一年，江淮再次出征 CRC 拉力赛、独家赞助《星动亚洲》等，是整个品牌年轻化战略中的重要步骤。瑞风 S3、瑞风 S2 通过别出心裁的网络发布会、微信发布会等网络化营销活动赢得了年轻人的争相点赞。同时，江淮也开展了区域化营销活动。比如，瑞风 S2 网络上市后，江淮对全国十多个重点城市做了区域发布，每到一个地方，江淮都用"当地话"与消费者沟通。年轻化的沟通语言、网络化的沟通方式、区域化的沟通模式，成功赢得了众多年轻消费者的认同。

在 SUV 市场竞争日趋激烈、产品日趋同质化的背景下，如何成功实现差异化竞争优势，是摆在各个 SUV 品牌面前的一个课题。那么未来 SUV 的发展方向如何呢？有行内人士认为在国家政策、环保意识、消费理念等各种因素的影响下，紧凑型、小型 SUV 是未来发展的主要趋势。但在未来的 SUV 市场，江淮还面临着三个问题。

第一个问题，中国品牌紧凑型 SUV 之所以能够与合资品牌分庭抗礼，根本原因是价格优势，而随着竞争的加剧，合资企业会投放更多紧凑型小型车，到那个时候必然会短兵相接。

第二个问题，回顾过去轿车市场的经验和教训，中国品牌 SUV 提升品牌竞争力应该成为今后长期生存和发展的重中之重。要精心提高产品技术、产品的品质，精心打造产品的品牌，以更好地参与到激烈的竞争中去。

第三个问题，SUV 消费趋势大好，市场持续增长的前景比较乐观，不过汽车与节能环保、交通拥堵的矛盾会对 SUV 的发展提出更高的要求，所以江淮也期待着在汽车行业电动化、信息化、智能化的新常态下，创新发展 SUV 技术，打造节能环保、受欢迎的 SUV 产品。

六　面对未来，江淮如何在 SUV 业务上持续创新

江淮汽车在 2015 年的销量达到 35.19 万辆，提前一个月完成了全年的销售目标。最终完成年销量目标的 117%，国内销量增长超过 75%，成为 2015 年销量增长最快的车企。在如此突出的成绩背后，最大的功臣是瑞风的 SUV 车型。2015 年，瑞风的 SUV 车型累计销量 25.3 万辆，同比增长 254%。其中瑞风 S3 和瑞风 S2 车型累计销量突破 22.1 万辆，在国内小型 SUV 市场上表现抢眼。

面对激烈的市场竞争，江淮不断找准市场潜在需求，确立适应消费者偏好的产品开发路线图，推出适销对路的新产品，提升市场占有率。在 2015 年的广州车展上，江淮已曝光 2016 年江淮旗下 SUV 的迭代升级计划，2016 年江淮将迎来瑞风 S2、瑞风 S3、瑞风 S5 的再度进化版，让 SUV 市场的江淮热潮再度升温。

在产品的节能减排方面，江淮以打造"钻石传动系"为核心，研发节能和新能源汽车产品，目前处于国内领先地位。江淮和悦 iEV 纯电动车和安凯纯电动大巴均为各自领域的佼佼者，光是 2010 年到 2013 年，就累计投放了 5311 辆纯电动轿车、40 辆增程式电动车，占全国纯电动轿车销量的 50% 以上，市场化运营规模和累计行驶里程连续四年保持国内第一。其中纯电动轿车，累计行驶里程达 5800 万公里，尾气零排放，为减少碳氧化合物和氮氧化合物的排放做出了积极贡献。已有多款新能源车型的江淮，也在 2016 年推出基于瑞风 S2 的江淮 iEV6S 纯电动小型 SUV。

作为中国首款纯电动 SUV，江淮 iEV6S 并不局限于满足用户的零排放代步需求，而是结合 SUV 的使用特质，在动力及续航能力上着重发力，以适应新能源市场的消费升级趋势。在城市工况下，iEV6S 续航里程高达 300 公里，在综合工况下也能达到 250 公里，极大地提升了用户的出行半径。智能化方面，包括远程遥控充电、远程遥控空调、蠕行、电子驻车等多项先进技术也使用户提前享受了较先进的用车体验。

在客户服务层面，江淮汽车早就成立了各级的客户关系管理相关部门，不断提高对客户满意度的重视度，定期进行客户满意度调研，收集消费者对产品体验的反馈。目前，江淮汽车定期召开用户座谈会，让全体员工倾听客户的心声，并根据用户意见狠抓落实和改进，全面贯彻以客户为中心的经营理念。

B.16
让中国汽车真正强大的航盛

摘　要：　经过多年的发展，航盛电子成为国内汽车零部件生产的
　　　　　一支生力军，其产品已经被广泛应用到国产汽车上。航
　　　　　盛的发展，充分说明了企业持续创新的重要性。作为一
　　　　　家零部件生产企业，航盛让人们充分理解了"零部件
　　　　　强，则中国汽车才能真正强"的道理。同时在对待新生
　　　　　事物方面，比如近年兴起的"合资自主"产品方面，航
　　　　　盛也有自己独到的见解。对于新能源汽车，航盛更是把
　　　　　它看作一个新的起点，致力于与整车企业密切合作，争
　　　　　取更多的技术突破，在新一轮竞争中占得先机。

关键词：　航盛　汽车电子　零部件

中国是目前世界上最大的汽车生产国和汽车消费国。在中国每天
下线的数万辆汽车中，有近1/4的汽车使用了深圳一家企业的电子产
品，它就是深圳市航盛电子股份有限公司。

深圳市航盛电子股份有限公司成立于1993年，注册资本2.1亿
元，是一家集研发、生产、销售、售后服务、物流配送于一体的，为
汽车整车企业研发生产智能网联汽车信息系统、智能驾驶辅助系统、
新能源汽车控制系统等产品的高新技术企业。目前已经形成了年产汽
车电子产品近600万台套，经营收入40亿元的规模，与国内众多的汽
车厂商建立了长期友好、稳定的合作关系。目前，国内销售额前20位

的车企中有 18 家是航盛电子的客户，国内市场覆盖率达 90%，市场占有率达 25%，航盛产品也逐步进入了国际知名车厂全球采购体系。

航盛电子一直致力于研究汽车电子产品的核心技术，技术创新硕果累累，曾获得"日产全球技术创新奖"；2007 年被国家发改委、科技部等部门联合授予"国家认定企业技术中心"；2008 年获得"高新技术企业"称号；2010 年获批成立博士后科研工作站。2015 年，获得"CNAS 国家实验室"认可。

航盛电子具备强大的生产制造和研发能力，在北京、上海、吉林、柳州、吉安、鹤壁等地建立子公司 10 余家。航盛电子先后通过了 ISO9001、ISO14001、QS9000、VDA6.1、ISO/TS16949 和 QC080000 的管理体系认证以及大众、日产、三菱、福特、标致雪铁龙、本田等国际车厂的认证。在不断提高深圳总部高端制造能力的基础上，2013 年，鹤壁航盛工业园、江西航盛工业园相继建成投产，公司制造战略布局进展顺利。

通过推行卓越绩效管理模式，航盛电子的经营业绩不断提升，得到了客户和社会各界的认可。航盛电子连续多年被各大客户评为"优秀供应商"，先后获得了"中国电子信息百强企业""广东省著名商标""广东省名牌产品"等荣誉。2011 年同时获得"广东省政府质量奖"和"深圳市市长质量奖"，2012 年成为深圳市首批卓越绩效管理示范基地之一，标志着航盛电子成为从"深圳速度"向"深圳质量"转型的典范。2013 年，吉林航盛荣获"吉林市市长质量奖""吉林省省长质量奖"。2014 年，江西基地荣获"吉安市市长质量奖"。2015 年，鹤壁基地荣获"鹤壁市市长质量奖"。

一　航盛电子的历史发展

1993 年，濒临倒闭的南航音响厂被改组为航盛公司，杨洪担任总经理，设立之初，员工仅 20 余人，注册资金 238 万元，年产量仅 5000 台，产值不过百万元。

1998 年，首次实现给轿车厂商神龙汽车配套、批量供货。

1999 年，股份制改造，骨干员工持股，解决了资金缺口问题，转变了体制机制，当年实现产值 5000 万元。

2000 年，产值突破 1 亿元，进入国内同行业前三甲。

2001 年，获得深圳市企业技术中心认证；改制为股份有限公司。

2002 年，获得深圳市高新技术企业认证；HS719 隐藏式全逻辑视听系统研制成功并为风神汽车提供 OEM。

2003 年，被评为"2002 年度 100 家最佳汽车零部件供应商"；航盛福永新工业园奠基。

2004 年，由航盛配套 NAVI 卫星导航系统的东风日产蓝鸟至尊上市；航盛公司"汽车智能导航及多媒体系统"项目被国家发改委列入 2004 年国家高新技术示范工程汽车电子专项。

2005 年，航盛公司汽车智能导航及多媒体系统 MOOO1 获得国家重点新产品证书；航盛公司总部进入一汽、福特配套体系。

2006 年，获得日产雷诺"全球技术创新奖"，获得"中国汽车自主创新成果大典"四项大奖——"原始创新奖""集成创新奖（HS－M0009）""集成创新奖（HS－M0010）""引进、消化、吸收再创新奖"。

2007 年，获得"国家认定企业技术中心"称号；产值突破 20 亿元，成为中国汽车自主创新龙头企业。

2008 年 11 月 14 日，获得"国家级高新技术企业"认定；国务院总理温家宝在省市领导的陪同下考察航盛，勉励航盛要有更大的作为。

2009 年，公司总裁杨洪荣获深圳市科技创新奖（市长奖）。

2010 年，获批成立中国汽车电子行业第一家博士后站，同时深入推进国际合作，与英特尔公司共建"航盛－英特尔汽车电子联合

创新中心"；公司成立新能源汽车电子及控制电子事业部，全面进军新能源和汽车控制电子领域。

2011 年，卓越绩效管理模式推行成效显著，同时荣获"广东省政府质量奖"和"深圳市长质量奖"；积极推进产学研合作，承担多项国家重大科研课题以及相关行业标准的制定，成功实现产品结构和市场结构的优化调整。

2012 年，市场进一步升级，进入奔驰、宝马等高端客户潜在供应商体系。成为广东省北斗卫星导航产业联盟六个主席团单位之一和深圳市北斗卫星导航系统应用产业化联盟四个常务理事单位之一。河南鹤壁工业园建成投产，制造转移战略进一步升级。日本办事处成立，向世界级、国际化迈出重要一步。首款自主开发 Telematics 产品诞生。

2013 年，公司总裁杨洪获"2013 年创新中国十大年度人物"殊荣；江西吉安工业园建成投产；德国、美国、俄罗斯办事处相继成立；国内首款前装 Mirror – Link 手机互联项目推出；国内第一批前装车载北斗导航产品面世。

2014 年，为安源纯电动客车提供的电池管理系统和整车控制器等产品装车路试，控制电子高端产品 AVM360 全景辅助泊车系统实现量产，标志着新能源及控制电子产业化又向前迈进一步。

2015 年，新能源汽车三电控制系统进一步实现产业化；全球化拓展取得重大进展，连续获得法国 PSA 集团包括 10 寸/12 寸高端显示屏和数字收音机在内的多个项目的定点提名。航盛产品验证检测中心通过 CNAS 认可，正式成为国家认可实验室。

二 持续创新是航盛的"DNA"

航盛电子一直致力于研究汽车电子产品的领先核心技术。从简单的汽车音响产品，再到车用免提、车载视听娱乐系统、车载智能导航系统，以及智能网联汽车信息系统、智能驾驶辅助系统、新能源汽车控制系统，航盛披荆斩棘走出了一条创新之路。

航盛电子是中国电子信息百强企业、中国汽车零部件百强企业、广东省知识产权优势企业、国家级高新技术企业。航盛成立20多年以来，专注于智能网联汽车信息系统、智能驾驶辅助系统、新能源汽车控制系统等领域。其中，智能网联汽车信息板块产品基于导航系统模块，定位于智能交通和平安城市解决方案，涉足车辆地理信息系统、车辆信息系统、智能交通信息系统、安防信息及应急指挥等众多领域，运用计算机、卫星等外部设备及其平台，实现与车载设备的信息交换和识别。智能驾驶辅助板块产品是指包含胎压监测、雷达及影像识别系统（360度全景视频等）、车身控制模块等集成的高级驾驶辅助系统。新能源汽车控制系统主要包括电池管理系统、电机控制器、整车控制器，即新能源汽车电控三大核心零部件。

近年来，航盛坚持高技术投入原则，技术投入占销售收入的比例从3%增长到10%，与此同时，公司技术人员数量也快速增长，从2009年的不到170人，到2015年已超过700人。在未来五年中，除深圳、上海（扬州）、德国柏林、成都四大研发中心外，还要在武汉、长春等地和美国、日本等国家设立研发机构，技术人才总人数将超过1000人。研发的持续投入促进了航盛主导产品的不断优化和升级，高端化与多功能整合的趋势越发明显，实现了由车载信息娱乐系统向车联网升级、控制电子系统、自动驾驶发展，以及新能源汽车三电控制系统（电池管理系统、电机控制系统、整车控制系统）不断优化升级。

"敢为天下先"的自主创新精神，是航盛电子持续发展的不竭动力。2007年被国家发改委、科技部等部门联合授予"国家认定企

业技术中心"称号；2010 年获批成立博士后科研工作站；2011 年成为继华为、中兴后，深圳市第三家同时获得广东省政府质量奖和深圳市市长质量奖的企业；2015 年获评"全国实施卓越绩效模式先进企业"，标志着航盛成为从深圳速度向深圳质量转型的典范。航盛主导或参与了多项汽车电子产品行业标准的制定和国家汽车电子产业发展战略规划的编制，为中国汽车工业的发展添上了浓墨重彩的一笔。

得益于持续的自主创新，航盛电子自成立以来，无论宏观经济和行业形势发生怎样波动，都一直保持稳定快速的增长态势。2008 年，在金融危机的严峻形势下，航盛的主要经营指标仍然实现了增长，稳住了阵脚，无一例裁员，为社会稳定做出了贡献。正因为航盛在金融危机中富有社会责任感的优异表现，2008 年，其光荣地迎来了时任国务院总理温家宝的视察，温总理称赞航盛"靠创新赢得尊严，靠创新赢得地位，也赢得了应对金融危机的主动性"，他鼓励航盛人要"变危为机，加快发展"。

航盛的创新精神正是航盛发展壮大的"DNA"。举例来说，像美、欧、日等汽车强国（地区），都有各自产学研创新的类似经验可以借鉴。企业每年确定创新研发的课题方向，政府与企业共同投入科研经费，一起合作。若科研成果成功了，则随即由参与企业负责产业化，所以它们可以持续领先、不断进步。相比之下，我国如果能够将企业技术需求分析、国家与企业共同支持科研机构进行研究、企业产业化这一完整流程进一步整合，就能够将科技创新和产学研紧密结合，有利于国家进步、企业发展，更能够提高科技人才的创新能动性。

航盛电子的创新之路正是遵循这样的发展路径，坚持主张技术创新与产学研结合的发展路线，以企业为主体，由政府来主导，由研究院和中科院、高校等科研单位来配合。当然，国家已经通过一系列的政策调整，在产业层面推动产学研创新工作的一体化，绝不能让成果出众的论文、专利都停留在理论层面；而应该快速将其转化成生产力，造福社会。借此东风，航盛电子成为最好的践行者，积极促进高投入的科研创新成果转化成真正的社会效益。到目前为止，航盛整个集团申报专利 600 余项，其中发明专利 122 项，实用新型 231 项、外观 223 项、软件著作专利权 36 项。

创新的根本动力来源于人，只有充分调动科研人员的积极性，才能够保持企业持久旺盛的创新能力。航盛电子在这方面致力于将科研工作者的心血高效地转化成社会化产能，真正造福社会，反之也让科研人员获得更多的价值感，形成科研创新链条的良性循环。这就需要科研人员与企业的有机结合，通过企业内部管理机制，为科研人员提供必要的创新环境、调动人才的创新积极性，营造企业创新发展的科研氛围。

三　自信来源于实力，中国汽车不怕正面竞争

机遇和挑战并存，所谓机遇就是一个国家的宏观导向，由大国变强国的历史机遇期。当前，中国所处的国际环境就是机遇与挑战并存的。伴随着中国市场的强大，国际影响力越来越强，从全球获取技术资源的能力越发强大，外部环境总体还比较乐观，这是一种机遇。从大的角度来讲，国外企业以前只是单纯地在中国市场售卖先进技术。而现在如果国家的政策导向能够进一步引导它们，让它们在进入中国市场时，将技术中心同时设立在国内，进行本土化研究和创新，就能够在战略上实现双方互利。

中国汽车市场的重要性不言而喻，合资品牌、国外品牌越来越多地把研发中心设在中国，加大对中国市场的研发力度。像通用、丰田、日产、大众、奔驰也都在中国创建研发机构或者是设计中心；随

之而来的是像博世等国际零配件大牌企业也在跟随整车厂配套的同时，加大在中国国内市场的研发力度。

面对友商发力中国市场的态势，航盛电子不仅没有退却，反而激发了自身的拼搏精神，也在竞争中表现得自信满满。从航盛本身的技术来讲，第一主张自主、第二主张开放。首先是自主，这个一定要讲硬实力，要舍得投入，敢于引进技术，引进人才。汽车技术发展是一个积累的过程，不像某些领域实现尖端技术的攻克突破就能上一个层次。汽车更多依靠的是技术管理，是系统性问题。因此，企业把一个产品一万件、十万件和一百万件质量水平做到一样，这些需要依靠技术管理、靠积累，建立体系流程，这个思维非常重要。因此，本土零部件企业与博世这类世界一流的企业的差距不是体现在核心技术上，而是更多地体现在管理体系和积累的过程上。航盛在这方面保持着非常清醒的认识，并且能够从中寻找一些规律，进一步把差距越缩越小。如果一个本土企业总是想寻找技术捷径，不按照规律去做，希望天上掉馅饼，结果只能是差距越来越大。值得欣慰的是，航盛在这方面保持着清醒认识与务实的作风。

关于直面竞争的问题，当前有一个具体的案例，就是合资汽车企业做合资自主品牌汽车。这个备受争议的现象在航盛看来，却有着不同的战略意义。合资汽车企业所研发生产的合资自主品牌产品，不能游移在合资企业产品品质管理体系之外，而一定要按照合资企业乃至国外合作方现有的质量和管控水平去严格管控，只不过在产品的设计规划中增添了一些中国本土元素，更多地从中国消费者需求的角度出发来定义产品。众所周知，合资汽车企业做合资自主品牌产品，从研发到生产都需要扎扎实实地在中国进行，大量雇用中国本地技术人才，这些是无法复制到别的国家去的，或者说复制成本比较高。因此，从战略的角度来讲，不管是权益之计，还是长远战略，合资自主品牌汽车参与市场竞争，做比不做要好。正是因为合资汽车企业在中国增加了合资自主产品，航盛电子作为优秀的自主品牌汽车电子供应商，就能够有更充分的机会与合资企业进行深入的合作，取人之长，补己之短，在合作中学习，强化自身的竞争实力。

业界也有声音批评合资自主品牌是"伪军"，航盛却不这么认为。在航盛看来，无论是从目前中国汽车的现状来看，还是从对资源长远发展的把握来说，这都是一件必须做的事情。如果不强制合资汽车企业做合资自主品牌产品，面对市场需求，他们还是会开发相应产品，只不过把研发放在国外进行。最终的结果就是合资汽车企业依然有产品有市场，而本土的人员培养、产品研发经验、技术管理水平却依然得不到提升。因此，不能狭义地从保护自主品牌的角度来看待这个问题。如果不开放竞争，保护也只能是一时的。自主品牌在这样的环境下很难有更好的发展，正所谓拥有强大的对手才是提升自己最好的方式，中国汽车产业也需要这样的环境。从远期来看，这样的政策最终受益的将是中国汽车产业。合资自主里面80%是中国人，再过10～20年，合资企业出现变化，这批人将成为中国制造的中坚力量，甚至还可以做人才输出，到世界其他汽车市场去参与全球竞争，可谓一举多得。

合资自主的优势反过来为自主品牌做了一个榜样，对于本土自主品牌来说，在竞争的同时也是学习的机会。作为中国汽车工业的一分子，航盛电子希望国内的汽车企业能够更好地发展，零部件配套良性跟进，这需要充分竞争来制造一个有序的市场环境。航盛在与国际大牌企业竞争时，唯有用更加开放的心态，充分吸引优秀的科技人才、引进行业先进技术，打造坚实的技术管理平台，才能实现自主创新实力的突破。"打铁还须自身硬"，自己的技术实力达到国际先进水平时，就不畏与国外企业竞争，才能跟它们在中国乃至全球汽车市场上进行真正实力的比拼。

四 新能源汽车技术的突破，成为 航盛发展的新起点

当前的汽车行业中，新能源汽车成为一支发展迅速的新兴力量。与国外先进的汽车制造企业相比，中国汽车企业在新能源领域的布局，并未与对手在同一起跑线上。国外很多机构和企业从十几年前甚至几十年前就开始预判，并开展了相应的准备工作。在国外产品占据先发优势的同时，中国的汽车企业如何能够破局，在新一轮的行业竞争中取得胜利呢？

新能源汽车与以往传统的内燃机汽车有所不同，传统的机械机构已经不再是汽车的核心技术，电池管理系统、电机控制系统、整车控制系统才是新能源汽车的核心竞争力所在。作为中国汽车电子领域的领头羊，航盛电子正是在这三个方面有所突破，为中国汽车企业在新能源汽车领域的发展奠定了坚实的发展基础。

汽车制造是工业，是建立在科学理论基础上的实用产业，有其发展的必然规律。新能源汽车作为汽车工业的一分子，自然不能例外。在我国，新能源汽车的产业规划务必要将战略性、前瞻性和科学发展结合起来进行。航盛电子作为参与新能源汽车生产的核心力量，一定会在行业发展、产品升级的过程中贡献自己的力量。航盛在新能源汽车领域发展的思路就是扎扎实实做好基础研发和有竞争力的产品，为中国新能源汽车主机厂做好配套，助力整车品质和竞争力的提升。

当然，航盛电子也早就意识到，在产业升级转型中新能源汽车将是未来发展的重要方向。在企业发展的战略规划中，研发力量的增强促进了新能源汽车配套技术的研发进程。如今，航盛电子手握电池管理系统、电机控制系统、整车控制系统三大新能源汽车核心技术，为新一轮的产业发展取得先机，成为未来在新能源汽车发展浪潮中的核心竞争力。

五　航盛电子助力中国汽车企业崛起

一辆汽车由上万个零部件组成，按照当前的行业生产规律，往往很多零部件都由专业的零部件供应商提供，这其中就包括作为国内汽车电子领先品牌的航盛电子。也可以说，中国汽车企业的发展壮大，不能忽视零部件供应商这一"幕后英雄"。

航盛电子作为国内领先的汽车电子自主品牌，通过跟东风日产、一汽大众等合资品牌合作，从中汲取合资企业的先进理念，不断地在实战中充实自身能力。在国外汽车百余年的发展历程中，整车厂商与零部件供应商早已经建立了非常成熟的合作模式，国内的合资企业同样继承了这一优势，它们在与供应商的合作方面非常规范，也非常成熟。它们真正做到了与供应商共同发展，既然经过严苛招标选拔出供应商，那么在合作过程中就要讲求可持续性，真正形成战略合作，风险共担，利益共享。正是通过与这些成熟的企业不断地磨合与加强合作，航盛在汽车电子领域已经具备了国际一流企业的实力。由此，航盛电子更加关注中国汽车行业的发展，希望能够通过自身的经验、实力，帮助国内的整车制造企业发展壮大，跟中国品牌的汽车企业共同促进中国汽车行业的发展。

谈及航盛电子与整车企业的合作，应该更详细地诠释航盛电子的经营理念。在与合资企业的合作过程中，航盛也将与供应商规范合作的理念带到了与下游供应商的合作中，也用相同的经营理念去对待下游供应商。商业上的紧密合作，把这种制造业共同协作的文化传递了出去。一开始也有部分企业不太理解，慢慢地通过一次、两次、五次、十次的合作，再通过航盛每年举办的供应商大会进行不断的强

调，逐渐形成了一批经营理念相同、具有正确价值观的企业生态群。应该在整个汽车电子行业乃至整个中国汽车工业中，传播这种正确的价值观、经营理念。航盛无论遇到何种情况，从来不会对供应商的合作信誉打折扣。遵守契约精神，按照合同约定严格执行相关条款。也许甲方一拖，乙方资金链就断掉了，如此恶性循环，行业的可持续发展将成为一纸空谈。正因为拥有这样的经营理念，航盛电子认识到与自主品牌企业合作的难能可贵，也就更加珍惜与之合作的机会。

作为自主品牌，与合资品牌合作多年的航盛因为有所感受，才有了如此热烈的爱国情结。为了支持自主品牌发展，航盛曾多年赞助支持"中国汽车品牌英雄榜"论坛活动，强烈呼吁自主品牌要自重、自立、自强，要有尊严。

长城汽车总裁王凤英曾在参会时谈到自主品牌与供应商的合作，她提出，"供应商与主机厂要荣辱与共，共创辉煌"。这句话让同为与会嘉宾的航盛总裁杨洪先生产生共鸣。的确，供应商和主机厂可以说是鱼水之情，水能载舟亦能覆舟；如果自主品牌企业将零部件企业放在企业生存的根本位置上，那么他们对待供应商的态度应该是严谨和认真的，并且需要平等对待供应商，协力攻克技术与品质上的难关，共创辉煌。也正是由于理念上的一致，航盛电子与长城汽车开始了合作并顺利地延续至今。长城汽车尤其是哈弗 SUV 品牌在国内的发展势头有目共睹。长城汽车对供应商的选择一贯是透明的，只以产品品质论英雄，这为像航盛这样同为自主品牌并真正想做好产品的供应商提供了良好有序的合作平台。

本着相同的经营理念，航盛电子也成为一汽轿车、东风汽车、长安汽车、江淮汽车、上汽集团、北京汽车、华晨汽车等几乎所有国内自主品牌企业的合作伙伴。航盛希望通过自身强大的自主研发实力、严格的产品质量把控体系、真诚的合作理念，与自主品牌汽车企业开展合作，互惠共赢，谋求共同发展。事实证明，在航盛电子的这些客户中，确实都发展得非常迅猛，市场表现出众，这些成功的合作经验值得与业界分享，以进一步扩展合作。

研发自主品牌汽车是我国重要的国家战略，从航盛电子的经营角度出发，尽管自主品牌在销售收入里面只占30%的比例，但是航盛同样作为自主品牌，一贯愿意为行业发展贡献自己的力量。虽然，自主品牌与国际企业在诸多方面仍有差距，但我们也要通过不断地挖掘优秀的企业，树立榜样，传播正确的价值观，真正实现中国汽车工业的崛起。

六　零部件强则中国汽车才真正强

汽车产业的核心技术涉及动力系统、底盘系统以及汽车电子控制三个领域。汽车电子是汽车工业发展的关键和核心，汽车的智能化、电气化、信息化，都要靠汽车电子技术来实现。没有发达的汽车电子产业做支撑，汽车强国无从谈起。综观全球每一个大型汽车集团，它们身后都有一家或多家实力强劲的汽车电子企业。但令人痛心的是，中国汽车自主品牌的现状是，大部分零部件都要选用国际大牌来提升自身产品的品质，核心技术不掌握在自己手中，仅仅通过采购和组合来实现自主品牌品质上的飞跃将意味着产业空心化，这将使中国汽车做大做强的目标越来越远。

当前，中国汽车电子产业空心化非常严重，跨国巨头占据了国内汽车电子市场70%的份额，尤其在中高端市场，国内企业几乎无法与之抗衡。自航盛成立以来，航盛人一直秉承发展民族汽车电子产业的理念，为此曾多次拒绝跨国巨头条件优厚的收购条件，始终坚持自我创新、自我发展的战略规划。在国内市场，凭借技术创新和综合竞争力，航盛电子连续七年入围中国汽车电子十大品牌，是其中的唯一一家民族企业，成为民族汽车电子企业的一面旗帜。进入新时期，航

盛大踏步进入国际市场并崭露头角，主动挑战跨国巨头，与博世、电装等世界 500 强企业同台竞技，立志成为"中国的博世""汽车电子界的华为"。

针对未来的长远发展，航盛提出了"332，118"的中长期战略思路和目标，航盛将利用资本市场平台，实现公司的跨越发展。计划到 2020 年实现销售收入 100 亿元，销量 1000 万台套。同时将大力开展资本运作和技术合作，积极寻找欧洲、北美、以色列等地具备技术优势的汽车电子厂商进行战略合作，获取国际先进技术，在智能网联汽车信息系统、智能驾驶、新能源汽车控制系统等领域掌握核心技术，加快公司成为世界级、国际化汽车电子优秀企业的步伐。

附 录

Appendix

B.17

中国 SUV 发展大事记（1951~2015年）

新中国制造的第一辆汽车

1950年10月，朝鲜战争爆发。1951年，天津汽车制配厂根据抗美援朝的需要制造出吉普车。到了1951年9月14日，第一辆吉普车试制完成，9月17日被苏联大百科全书确认为新中国第一辆自己生产的汽车。9月19日制造完成了第二辆吉普车。9月25日，两辆吉普车开赴北京，一辆献给了毛泽东主席，另一辆献给了朱德总司令。不过，这款车型未继续生产。即便如此，"新中国制造的第一辆汽车"仍非它莫属。

中国第一个量产SUV车型——长江46

提到中国最早的量产越野车，很多人都会想到大名鼎鼎的BJ212、BJ2020等车型。然而，真正最早实现量产的越野车叫长江46——一个很多人都陌生的名字。就是这个陌生的越野车，拉开了中

新中国制造的第一辆汽车

新中国第一辆汽车试制中

国自主生产0.5吨级越野车的序幕。

"一五"期间，中国0.5~1吨级别的轻型越野车处于空白状态。

中国第一个量产 SUV 车型

机械工业部向国营 456 所（长安机械厂）下达了生产轻型越野车的任务。在没有任何生产经验、没有生产设备的条件下，456 所的技术人员与工人对美国 M38A1 进行了详细的测绘，并有针对性地进行了改进设计。1958 年 5 月，第一辆样车驶出了 456 所的装配车间。在进行了 2.5 万公里的道路试验后开始定型生产，同时被正式命名为长江 46 型。

长江 46 型样车

长江 46 型越野车成为中国自己生产的第一款 0.5 吨级越野车，也是中国第一款批量生产的国产越野车。1963 年，长江 46 型越野车停产，该车的技术资料转交给北京汽车制造厂。长江 46 型越野车共生产了 1390 辆。它积累的技术资料和研发经验为后来的北京汽车 BJ 系列越野车打下了基础。

我国第一辆大规模量产的国产越野车——BJ212

20 世纪 60 年代初，中苏关系紧张，苏联停止对中国进行帮助，中国军队面临无车可用的局面。1961 年，国防科工委批准，以北京汽车制造厂为基地生产轻型越野车，车名就定为 BJ210。接到任务后，北京汽车制造厂以威利斯 M31、嘎斯 69 以及长江 46 吉普车为参考，迅速研发出了 BJ210A、BJ210B 和 BJ210C 三种 BJ210 车型。最终，领导层决定生产 BJ210C。

不过，当时的 BJ210C 车型在质量上还不那么让人放心。北京汽车制造厂决心重新打造 BJ210C。1963 年，北京汽车制造厂 BJ211、BJ212 两款越野车研发成功，罗瑞卿总参谋长亲自拍板，综合表现更出色的 BJ212 车型投入量产。1965 年，BJ212 系列军用越野车中是定型，中央随即向北京汽车制造厂下达了年生产 4600 辆的任务，生产出来就投入了一线部队中。

BJ212 越野车随即红遍了大江南北。20 世纪七八十年代，BJ212 成为当时最火的公务用车，也成为那个时代人们对汽车的符号化记忆。1987 年以后，BJ212 开始升级换代，BJ－212L、BJ－212N、BJ－2020N、BJ－2020S 等演变车型被陆续推出。至今，BJ212 及其后继车型累计产量已超过 100 万辆，是中国销量最大的国产越野车。

在中国现代化建设进程中，北京汽车开创了中国汽车行业对外开放的先河。1984 年 1 月，北京汽车与美国克莱斯勒公司共同投资成立了中国第一家汽车整车制造合资企业——北京吉普汽车有限公司，至此，北

国产越野车 BJ212 通过天安门广场

BJ212 越野车红遍大江南北

京汽车和戴姆勒·克莱斯勒股份公司一直保持着良好的合作关系。

1983年5月5日，经过长达4年半的漫长谈判后，北京汽车制造厂与当时美国第四大汽车厂美国汽车公司在人民大会堂正式签署合资

协议。美国汽车公司以专业技术、工业产权和 800 万美元现金入股，持有合资公司 31.35% 的股份。北京汽车制造厂则以厂房、设备及一些资金入股，持有合资公司 68.65% 的股份。

1984 年 1 月 15 日，北京吉普汽车有限公司正式开业。由北京汽车制造厂与克莱斯勒合资的北京吉普汽车有限公司生产的切诺基越野车，影响了一代人的生活。最先以 OEM 方式生产的 BJ7250，随后生产的搭载直列 6 缸 4.0 排量的豪华型切诺基、搭载 2.5E 电喷发动机的切诺基、大切诺基，以及吉普 2500 和吉普 2700 等不同改款车，都成为热门车型。虽然有"修不完的切诺基"之称，但这仍然不能阻挡越野爱好者的高度认同。最重要的是，切诺基的引进使我国轻型越野车多了一种选择，更为后续第一代勇士通用军车的设计和生产奠定了重要基础。

1985 年 9 月 26 日，第一辆 BJ2021 型越野汽车下线，北京吉普汽车有限公司举行中美合资生产切诺基轿车投产仪式。

2000 年 2 月 22 日，中国第一款全新概念多功能 RV 车（多功能休闲旅行车）——东南富利卡在东南（福建）汽车工业有限公司下线，标志着中国商用旅行车进入了一个崭新的时代。

北京吉普汽车有限公司生产的切诺基

Jeep 切诺基成为 20 世纪 80 年代的热门车型之一

长丰猎豹

1994 年 12 月 24 日，日本三菱汽车公司京田部长首次对长丰汽车制造有限公司进行考察便非常满意，双方在后来的谈判中迅速达成合作关系，先后签署了包括《技术资料及设备供应合同》《技术转让和生产许可证合同》在内的多个协议，通过引进三菱 Qcar 汽车平台及帕杰罗全部技术，长丰汽车制造有限公司开始对三菱帕杰罗 V 系列车型进

20 世纪 90 年代三菱越野车技术应用在很多车型上

行国产，并在此基础上生产以"猎豹"命名的 CJY6421A 型越野指挥车。

1999 年底，长丰集团自筹 3.2 亿元资金，完成了车身冲压、焊装、涂装、总装四大生产线的技术改造工作，形成年产 3 万辆整车的生产能力。新中国成立五十周年庆典上，猎豹越野车作为新中国第三代礼炮队牵引车首次亮相；在澳门回归祖国之际，"猎豹"指挥车则被中国人民解放军选定为驻澳部队"进驻澳门第一车"，12 月 20 日澳门回归当天，猎豹汽车载着驻澳解放军战士率先驶入澳门。

2002 年上市 SUV 车型

2002 年 5 月 26 日，长城赛弗 SUV 上市。

2003 年上市 SUV 车型

2003 年 2 月 28 日，郑州日产帕拉丁上市；

2003 年 9 月 5 日，一汽丰田普拉多下线；

2003 年 11 月 6 日，LANDCRUISER 陆地巡洋舰、LANDCRUISERPRADO 普拉多上市。

2004 年上市 SUV 车型

2004 年 5 月 12 日，东风本田 CR – V 上市。

长丰猎豹是当时比较成熟的 SUV 车型

2005年上市 SUV 车型

2005 年 3 月 6 日，长城汽车 10 万辆生产基地竣工、哈弗 CUV 投产；

2005 年 6 月 16 日，北京现代途胜上市；

2005 年 11 月 21 日，奇瑞瑞虎 4×4i 智能四驱上市。

2007年上市 SUV 车型

2007 年 3 月 18 日，江淮汽车公司自主创新的瑞鹰上市；

2007 年 10 月 25 日，东风悦达起亚狮跑上市。

2008年上市 SUV 车型

2008 年 3 月 12 日，东风日产逍客上市；

2008 年 11 月 3 日，东风日产新一代奇骏上市。

2009年上市 SUV 车型

2009 年 4 月 2 日，哈弗 H3 上市；

2009 年 4 月 10 日，一汽丰田国产 RAV4 上市；

2009 年 4 月 12 日，陆风 X9 上市；

2009 年 5 月 25 日，广汽丰田汉兰达正式下线。

2010年上市 SUV 车型

2010 年 3 月 26 日，上海大众途观上市；

2010 年 3 月，一汽奥迪 Q5 上市；

2010 年 4 月 8 日，北京现代 ix35 上市；

2010 年 6 月，一汽丰田普拉多 4.0L 上市；

2010 年 8 月，吉利全球鹰 GX718 上市；

2010 年 8 月 26 日，哈弗 H5 上市。

2011年上市 SUV 车型

2011 年 5 月 6 日，比亚迪首款 SUV 车型 S6 上市；

2011 年 8 月 8 日，上汽荣威 W5 上市；

2011 年 8 月 25 日，长城哈弗 H6 上市；

2011 年 9 月 8 日，东风日产楼兰上市；

2011 年 11 月 21 日，华泰宝利格上市。

2012年上市 SUV 车型

2012 年 3 月 1 日，传祺 GS5 速博上市；

2012 年 4 月 23 日，北京奔驰 GLK 上市；

2012 年 12 月 23 日，北京现代全新胜达上市；

2012 年 5 月 23 日，长城汽车哈弗 M4 车型上市；

2012 年 10 月 12 日，广汽三菱劲炫下线；

2012 年 10 月 30 日，长安 CS35 上市；

2012 年 12 月 22 日，众泰 T600 上市。

2013年上市 SUV 车型

2013 年 1 月 4 日，陆风 X5 上市；

2013 年 1 月 22 日，长安福特翼虎上市；

2013 年 3 月 4 日，北京现代途胜上市；

2013 年 3 月 19 日，长安福特翼博上市；

2013 年 3 月 29 日，哈弗品牌正式独立，长城汽车从此进入长城与哈弗双品牌战略时代；

2013 年 5 月 16 日，奔腾 X80 上市；

2013 年 4 月 8 日，一汽－大众奥迪 Q3 上市；

2013 年 8 月 18 日，长安马自达 CX－5 上市；

2013 年 8 月 18 日，东风标致 3008 上市；

2013 年 11 月 21 日，哈弗 H8 上市；

2013 年 12 月 23 日，长安铃木锋驭上市；

2013 年 12 月 28 日，广汽中兴 C3 上市。

2014 年上市 SUV 车型

2014 年 3 月 31 日，北汽幻速 S2 上市；

2014 年 4 月 17 日，东风标致 2008 上市；

2014 年 4 月 19 日，上海通用创酷上市；

2014 年 4 月 20 日，海马 S5 上市；

2014 年 4 月 20 日，长安 CS75 上市；

2014 年 6 月 6 日，纳智捷 U6 上市；

2014 年 7 月 11 日，哈弗 H2 上市；

2014 年 7 月 30 日，一汽马自达 CX－7 上市；

2014 年 7 月 30 日，潍柴英致 G3 上市；

2014 年 8 月 27 日，江淮瑞风 S3 上市；

2014 年 9 月 27 日，长安 DS6 上市；

2014 年 10 月 10 日，北京现代 ix25 上市；

2014 年 10 月 25 日，广本缤智上市；

2014 年 10 月 27 日，天津一汽骏派 D60 上市；

2014 年 10 月 31 日，力帆 X50 上市；

2014 年 11 月 3 日，哈弗 H1 上市；

2014 年 11 月 18 日，东风本田 XR－V 上市；

2014 年 12 月，长安欧力威 X6 上市。

2015年上市 SUV 车型

2015 年 1 月 10 日，启辰 T70 上市；

2015 年 1 月 20 日，长安中兴 GX3 上市；

2015 年 2 月 1 日，奇瑞捷豹路虎揽胜极光上市；

2015 年 3 月 10 日，东风英菲尼迪 QX50 上市；

2015 年 3 月 12 日，东风悦达起亚 KX3 傲跑上市；

2015 年 3 月 18 日，名爵锐腾上市；

2015 年 3 月 19 日，郑州日产东风风度 MX6 上市；

2015 年 3 月 20 日，广汽丰田新一代汉兰达上市；

2015 年 3 月 21 日，北汽绅宝 X65 上市；

2015 年 3 月 31 日，江淮瑞风 S5 上市；

2015 年 4 月 18 日，广汽传祺 GS4 上市；

2015 年 5 月 6 日，海马 S7 上市；

2015 年 5 月 23 日，永源 A380 上市；

2015 年 6 月 19 日，哈弗 H9 上市；

2015 年 7 月 18 日，宝骏 560 上市；

2015 年 8 月 6 日，陆风 X7 上市；

2015 年 8 月 31 日，江淮瑞风 S2 上市；

2015 年 10 月 12 日，比亚迪宋上市；

2015 年 10 月 29 日，奇瑞捷豹路虎发现神行上市；

2015 年 10 月 30 日，江铃福特撼路者上市；

2015 年 11 月 3 日，广汽菲克吉普自由光上市；

2015 年 11 月 18 日，北汽幻速 S6 上市；

2015 年 11 月 19 日，北京奔驰 GLC 上市；

2015 年 11 月 30 日，长安铃木维特拉上市；

2015 年 12 月 12 日，北汽绅宝 X25 上市；

2015 年 12 月 21 日，东风风神 AX3 上市。

❧ 皮书起源 ❧

"皮书"起源于十七、十八世纪的英国，主要指官方或社会组织正式发表的重要文件或报告，多以"白皮书"命名。在中国，"皮书"这一概念被社会广泛接受，并被成功运作、发展成为一种全新的出版形态，则源于中国社会科学院社会科学文献出版社。

❧ 皮书定义 ❧

皮书是对中国与世界发展状况和热点问题进行年度监测，以专业的角度、专家的视野和实证研究方法，针对某一领域或区域现状与发展态势展开分析和预测，具备原创性、实证性、专业性、连续性、前沿性、时效性等特点的公开出版物，由一系列权威研究报告组成。

❧ 皮书作者 ❧

皮书系列的作者以中国社会科学院、著名高校、地方社会科学院的研究人员为主，多为国内一流研究机构的权威专家学者，他们的看法和观点代表了学界对中国与世界的现实和未来最高水平的解读与分析。

❧ 皮书荣誉 ❧

皮书系列已成为社会科学文献出版社的著名图书品牌和中国社会科学院的知名学术品牌。2011年，皮书系列正式列入"十二五"国家重点出版规划项目；2012~2015年，重点皮书列入中国社会科学院承担的国家哲学社会科学创新工程项目；2016年，46种院外皮书使用"中国社会科学院创新工程学术出版项目"标识。

中国皮书网

www.pishu.cn

发布皮书研创资讯，传播皮书精彩内容
引领皮书出版潮流，打造皮书服务平台

栏目设置：

- □ 资讯：皮书动态、皮书观点、皮书数据、
  皮书报道、皮书发布、电子期刊
- □ 标准：皮书评价、皮书研究、皮书规范
- □ 服务：最新皮书、皮书书目、重点推荐、在线购书
- □ 链接：皮书数据库、皮书博客、皮书微博、在线书城
- □ 搜索：资讯、图书、研究动态、皮书专家、研创团队

中国皮书网依托皮书系列"权威、前沿、原创"的优质内容资源，通过文字、图片、音频、视频等多种元素，在皮书研创者、使用者之间搭建了一个成果展示、资源共享的互动平台。

自 2005 年 12 月正式上线以来，中国皮书网的 IP 访问量、PV 浏览量与日俱增，受到海内外研究者、公务人员、商务人士以及专业读者的广泛关注。

2008 年、2011 年中国皮书网均在全国新闻出版业网站荣誉评选中获得"最具商业价值网站"称号；2012 年，获得"出版业网站百强"称号。

2014 年，中国皮书网与皮书数据库实现资源共享，端口合一，将提供更丰富的内容，更全面的服务。

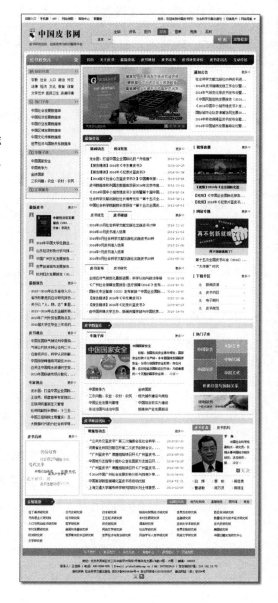

法 律 声 明

皮书俱乐部会员服务指南

1. 谁能成为皮书俱乐部成员？

● 皮书作者自动成为俱乐部会员

● 购买了皮书产品（纸质书/电子书）的个人用户

2. 会员可以享受的增值服务

● 免费获赠皮书数据库100元充值卡

● 加入皮书俱乐部，免费获赠该纸质图书的电子书

● 免费定期获赠皮书电子期刊

● 优先参与各类皮书学术活动

● 优先享受皮书产品的最新优惠

3. 如何享受增值服务？

（1）免费获赠100元皮书数据库体验卡

第1步 刮开附赠充值的涂层（右下）；

第2步 登录皮书数据库网站（www.pishu.com.cn），注册账号；

第3步 登录并进入"会员中心"—"在线充值"—"充值卡充值"，充值成功后即可使用。

（2）加入皮书俱乐部，凭数据库体验卡获赠该书的电子书

第1步 登录社会科学文献出版社官网（www.ssap.com.cn），注册账号；

第2步 登录并进入"会员中心"—"皮书俱乐部"，提交加入皮书俱乐部申请；

第3步 审核通过后，再次进入皮书俱乐部，填写页面所需图书、体验卡信息即可自动兑换相应电子书。

4. 声明

解释权归社会科学文献出版社所有

权威报告·热点资讯·特色资源

皮书数据库
ANNUAL REPORT(YEARBOOK)
DATABASE

当代中国与世界发展高端智库平台

皮书俱乐部会员可享受社会科学文献出版社其他相关免费增值服务，有任何疑问，均可与我们联系。

图书销售热线：010-59367070/7028
图书服务QQ：800045692
图书服务邮箱：duzhe@ssap.cn

数据库服务热线：400-008-6695
数据库服务QQ：2475522410
数据库服务邮箱：database@ssap.cn

欢迎登录社会科学文献出版社官网
（www.ssap.com.cn）
和中国皮书网（www.pishu.cn）
了解更多信息

社会科学文献出版社 皮书系列
SOCIAL SCIENCES ACADEMIC PRESS (CHINA)

卡号：437059885257
密码：

S子库介绍
ub-Database Introduction

中国经济发展数据库

涵盖宏观经济、农业经济、工业经济、产业经济、财政金融、交通旅游、商业贸易、劳动经济、企业经济、房地产经济、城市经济、区域经济等领域，为用户实时了解经济运行态势、把握经济发展规律、洞察经济形势、做出经济决策提供参考和依据。

中国社会发展数据库

全面整合国内外有关中国社会发展的统计数据、深度分析报告、专家解读和热点资讯构建而成的专业学术数据库。涉及宗教、社会、人口、政治、外交、法律、文化、教育、体育、文学艺术、医药卫生、资源环境等多个领域。

中国行业发展数据库

以中国国民经济行业分类为依据，跟踪分析国民经济各行业市场运行状况和政策导向，提供行业发展最前沿的资讯，为用户投资、从业及各种经济决策提供理论基础和实践指导。内容涵盖农业，能源与矿产业，交通运输业，制造业，金融业，房地产业，租赁和商务服务业，科学研究，环境和公共设施管理，居民服务业，教育，卫生和社会保障，文化、体育和娱乐业等 100 余个行业。

中国区域发展数据库

以特定区域内的经济、社会、文化、法治、资源环境等领域的现状与发展情况进行分析和预测。涵盖中部、西部、东北、西北等地区，长三角、珠三角、黄三角、京津冀、环渤海、合肥经济圈、长株潭城市群、关中一天水经济区、海峡经济区等区域经济体和城市圈，北京、上海、浙江、河南、陕西等 34 个省份及中国台湾地区。

中国文化传媒数据库

包括文化事业、文化产业、宗教、群众文化、图书馆事业、博物馆事业、档案事业、语言文字、文学、历史地理、新闻传播、广播电视、出版事业、艺术、电影、娱乐等多个子库。

世界经济与国际政治数据库

以皮书系列中涉及世界经济与国际政治的研究成果为基础，全面整合国内外有关世界经济与国际政治的统计数据、深度分析报告、专家解读和热点资讯构建而成的专业学术数据库。包括世界经济、世界政治、世界文化、国际社会、国际关系、国际组织、区域发展、国别发展等多个子库。